DBV
DON BOSCO
VERLAG

Allen Kindern und Erwachsenen gewidmet,
für die „Frommsein"
mit Fröhlichsein zu tun hat!

Edmund Johannes Lutz

Edmund
Johannes
Lutz

Der lachende Engel

Don Bosco für Kinder

Don
Bosco
Verlag

Die Deutsche Bibliothek – CIP-Einheitsaufnahme

Lutz, Edmund Johannes:
Der lachende Engel : Don Bosco für Kinder /
Edmund Johannes Lutz.
– 1. Aufl. – München : Don-Bosco-Verl., 1992
ISBN 3-7698-0683-2

verlags
gruppe
engagement

1. Auflage 1992 / ISBN 3-7698-0683-2

Zeichnungen und Umschlaggestaltung: Martina Spinkova, Prag
Satz und Druck: Salesianer-Druckerei, Ensdorf / Opf.
Bindearbeiten: Echter Würzburg

Inhalt

Auf einer Anhöhe, unter Bäumen fast versteckt,

liegen die fünfzehn oder zwanzig Häuser der Ortschaft Becchi.
Wenn Du mit dem Zeigefinger auf der Landkarte, die nebenan aufgezeichnet ist, der Länge nach von oben nach unten, also immerfort nach Süden fährst, über die Donau weg nach München und weiter den Alpen zu, die Du im Inntal durchquerst und am Brenner überschreitest, dann bist Du schon in Südtirol und in Italien. Von Bozen aus fährst Du noch über Trient bis Verona, dann biegst Du scharf westwärts ab – also nach links – die Po-Ebene aufwärts nach Mailand. Und nun kommst Du in eine große Stadt mit überragenden Kirchkuppeln und ausgedehnten Gebäuden: das ist Turin.
Das Stadtviertel mit den vielen Höfen, Spielplätzen und Sportanlagen: das ist die Jugendstadt Don Boscos.

Östlich von dieser Stadt findest Du die unter Bäumen versteckte Häuserzeile des Dorfes Becchi; im letzten kleinen Haus kam Johannes Bosco auf die Welt. Das war im August 1815.

Daß der Vater schon 1817 starb, war sehr bitter für die Mutter, die ja noch für zwei größere Kinder zu sorgen hatte. Das Geld wurde ganz knapp, und Krieg, Revolutionen und unruhige Zeiten kamen zu allem Unglück dazu und machten – wie das Kriege immer tun – die Menschen noch ärmer. Halbverhungerte Bettler baten oftmals an der Türe um eine Handvoll Kleie. Da lernte der kleine Johannes das Gutsein. Aber der Krieg macht die Menschen auch schlechter; jeder Krieg! Gesindel trieb sich umher, und einige Jungen aus dem Dorf fingen schon an zu streiten, zu fluchen oder gar zu stehlen.
„Mutter", so fragte der heranwachsende Johannes, „weshalb sind eigentlich die Leute so böse?"
„Weil sie nicht mehr beten", erwiderte die Mutter. Und sie hatte recht.
Die Jungen im Dorf erzählten, daß es im Nachbardorf umgehe: Gespenster!
„Dummes Zeug", sagte die Mutter dazu.
„Aber weshalb glauben die Leute dennoch daran?" wollte Johannes wissen. Kleine Jungen fragen immer so schrecklich viel.
„Weil sie nicht mehr richtig an Gott glauben", gab die Mutter zur Antwort. Und sie hatte wieder recht.

Das Rumpelgespenst

„Was ich gehört habe, das habe ich gehört", hüstelte die schwerhörige Tante Mariann und nickte ein paarmal beutungsvoll mit dem Kopf. Dann verkroch sie sich wieder in ihren Ohrensessel und zog den dunklen, grün getupften Fransenschal so weit über sich zusammen, daß nur ihr kleines gelbliches Gesicht mit den pechschwarzen italienischen Augen im Dämmerlicht der Stube zu sehen war.

Vorne, ganz beim Fenster, saß der Altknecht aus Becchi und trommelte mit den Fingern auf der Tischplatte herum. „Ja, ja, ich glaub schon!" schrie er – die Tante hörte in letzter Zeit sehr schlecht, er mußte so schreien. „Ich glaub's ja, daß es bei euch in Capriglio gerumpelt hat!" Und etwas leiser fügte er hinzu: „Wer weiß, ob's nicht in euren Köpfen war!"

„Zwei Nächte schon", ließ sich die Tante jetzt wieder vernehmen und deutete dabei mit dem langen dünnen Zeigefinger zur Holzdecke hinauf, „zwei Nächte schon gehen sie um. Der Arm verschwand wieder unter dem Tuch.

„Weiß der Herr, was sie gehört hat", brummte der Altknecht mehr vor sich hin als zu Frau Margaret hinüber, die mit dem Strickzeug in der Ecke unterm Kreuz saß. –

Alljährlich, zur Zeit der Traubenlese, kam Frau Margaret Bosco mit dem Knecht herüber zu ihrer kranken Schwester – seit Jahren schon –, aber solche Dinge hatte sie doch noch nicht erleben müssen. Sie seufzte ein wenig. „Wenn halt der Markus noch da wäre“, meinte sie, „der würde wohl hinauf gehen. Der hatte Kraft für zwei gehabt.“ – „Ja, und für drei gegessen“, lachte der Knecht. Wahr ist's schon, dachte die Frau. – Damals, nach dem Tod ihres Mannes, waren die beiden Knechte – fast ohne Lohn – bei ihr geblieben. Aber als ihre eigenen Buben größer geworden waren, mußten sie den guten Markus auszahlen und verabschieden; sie hätte ihn mit bestem Willen nicht mehr durchfüttern können.
„Was übrigens die Kraft angeht“, begann jetzt der Altknecht wieder, „da soll doch ruhig einer kommen! Was? Zu vieren, meinetwegen, dürften sie kommen. Den einen der Länge nach gepackt und die anderen drei damit versohlt! Jawohl! So macht man das!“
Neben Frau Margaret saß ihr Jüngster. Johannes hieß der. Ganz Aug' und Ohr war er, als der Altknecht so angab. Oh, so stark werden wie der, das wollte er auch. Der Länge nach einen packen und die anderen damit –
„Aber mit denen da“ – der Knecht deutete mit dem Daumen zur Decke hinauf – „mit denen – nein...“ Er ließ die schwere Hand sinken und strich ein paarmal glättend über das grobe Tischtuch. Nein, mit denen wollte er nichts zu schaffen haben.
Dem Buben ging das nicht ein. Wer es mit vieren aufnimmt und sich vor etwas fürchtet, das er gar nicht kennt, der ist nicht stark.
Jetzt ging die Türe auf, und der Onkel kam herein. Er grüßte, halblaut nur und ein wenig bedrückt, wie es schien. Hinter ihm ging der kleine Michael, der hier auf dem Meierhof von Capriglio daheim war; aber er trat nicht in die Stube. Er blieb unter der Tür stehen.

„Warum gehst du denn nicht herein?“ fragte Johannes. Es war bereits so dämmrig geworden, daß niemand bemerken konnte, wie pfiffig er dabei lachte.
„Ist es schon dagewesen?“ forschte Michael und bekam ganz große, wässerige Augen.
„Was denn?“ fragte Johannes.
„Das Gespenst“, hauchte Michael und fuhr sich mit dem Daumen der Länge nach übers Gesicht.
„Der Fahrer da soll wohl ein Kreuzzeichen gewesen sein?“ meinte Johannes und packte den älteren Kameraden am Rock. „Du bist so ein Hasenfuß!“ Widerwillig ließ sich der Ältere von dem Kleinen auf die Bank ziehen.
„Jaja“, machte der Onkel ein paarmal. „Jaja.“ Er schnürte bedächtig die Schuhe auf, zog sie aus und tappte barfuß zum Herd.
„Da auf dem Tisch steht das Essen schon“, sagte Margaret, seine Schwägerin, und schob ihm die Schüssel hin.
Der Mann und der Bub falteten die Hände an der Tischkante und machten ein Kreuz. „Die können's tatsächlich nicht richtig“, dachte Johannes.
„Wird Zeit, daß wir essen“, brummte der Onkel, „sonst kommen sie uns wieder dazwischen, die Gottseibeiuns.“
Die großen Leute murmelten ein paar geweihte Formeln gegen solche bösen Geister und seufzten hinterher.
„Was hast du denn zu lachen, hm?“ fuhr der Onkel den kleinen Johannes an.
„Weil Ihr schon so groß seid und noch Angst habt“, erwiderte der Junge.
Der Onkel fuchtelte mit der Gabel, die er voll Makkaroni hängen hatte, in der Luft umher und schrie ihn an: „Wer keine Angst vor dem Teufel hat, der hat auch keine vor dem Herrgott!“ So schrie er und kam dabei mit dem Gesicht so nahe zu Johannes hin, daß dieser sofort den Schnaps roch, den der Herr Onkel getrunken haben mußte.

„Ich hab' ja Angst", sagte Johannes. „Bei Gott hab' ich Angst, daß ich ihn beleidigen könnte, und beim Teufel, daß er Euch holt, wenn Ihr immer Schnaps trinkt."
Die Mutter puffte ihn ein klein wenig von hinten an. „Schlingel", flüsterte sie ihm ins Ohr. Es war aber kein Tadel.
Dem Onkel waren die Makkaroni ein wenig zu trocken geworden.
„So", sagte er heiser. „Soso." Dann stand er auf, öffnete das Fenster und holte ein paarmal tief Luft. „Gestern ist er dagewesen, der – du weißt es schon, wer", flüsterte Michael zu Johannes hinüber. Dabei zog er den Holzteller des Onkels zu sich und spießte eine beachtliche Ladung Makkaroni auf seine Gabel.
„Hast du ihn gesehen?" fragte Johannes.
Der Bub schüttelte den Kopf. Antworten konnte er nicht, weil er den Mund so voll hatte. Er deutete nur mit der leeren Gabel zur Decke hinauf.
Frau Margaret legte ihr Strickzeug weg und nahm ihren Jungen bei den Schultern. „Na", sagte sie, „jetzt schauen wir, daß wir heimkommen."
Michael hatte die Riesenportion hinuntergewürgt. „Gerumpelt hat es, sag' ich euch – gerumpelt! Das war er bestimmt." –

Die großen Leute sind komisch, dachte der kleine Johannes, während er den Kopf ein wenig auf den Arm der Mutter legte und die Augen ganz eng machte; da beten sie und gehen in die Kirche und sagen bisweilen, daß der liebe Gott alles recht machen werde, und wenn dann eine Ratte oder ein alter Hausmarder über die Treppe rumpelt, dann fürchten sie sich. Dann muß gleich eine arme Seele die Menschen mit Kindereien erschrecken oder gar der Teufel losgelassen sein und auf dem Dachboden herumhopsen.

Johannes fielen die schweren Augenlider zu. – Der liebe Gott ist doch kein Kindskopf, dachte er noch, er sorgt doch für uns wie die Mutter, oder vielleicht noch mehr.
„Komm, wir gehen jetzt heim, du schläfst ja schon“, sagte jemand und rüttelte ihn wach.
„Ja,“ sagte Johannes schlaftrunken und nickte schon wieder halb ein, „gehen wir heim.“ –
Rumm, bumm bumm ---
Was war das eben? Johannes fährt auf; mit einem Schlag ist er hellwach. – Es ist mäuschenstill. Die Erwachsenen sitzen wie erstarrt mit angehaltenem Atem. In der Dunkelheit sieht Johannes nur die weiße Hand der Tante, die ein paarmal hintereinander ein Kreuz schlägt.
„Es --- es ist da!!“ Michael war aus der Stube draußen, ehe der Onkel die Worte hervorgegluckst hatte. Die Tür fiel hart hinter ihm zu. Im Dunkel saß die Tante aufrecht im Ohrensessel. „Die Kerze, die geweihte Kerze!“ Ihre Stimme klang pfeifend und heiser.
Nun tappte der Onkel zum Wandschrank, holte die geweihte Kerze, die wie immer an dem gewohnten Platz stand, und stellte sie auf den Tisch. Der Altknecht gab ihm Feuer.
Der gelbe Schein des Lichtes zitterte über die Wand und auf die Gesichter. „Es sollte einer ins Dorf gehen und den Pfarrer holen“, flüsterte der Altknecht.
„Ja, lauf zum Pfarrer“, sagte der Onkel mit gedämpfter Stimme zu Johannes. „Erzähl ihm alles.“
„Was denn?“ fragte der Bub. „Wenn ein Dachs auf dem Dachboden herumstreunt, braucht man einen Stecken und nicht den Herrn Pfarrer.“
„Red nicht so siebengescheit“, zischte ihn der Onkel an. „Wie soll denn da ein Dachs hinaufkommen?“ –
„Vielleicht ist's der Wind gewesen, und die Türe steht offen“, rief Johannes.

„Dummes Gerede", fauchte der Mann, „die Tür ist zu! Ich hab' sie doch selber zugesperrt und den Schlüssel eingesteckt."
Und zum Beweis fingerte er einen großen rostigen Schlüssel aus dem Hosensack und hielt ihn dem Buben dicht vor die Augen. „Da, du Gescheiter, du!" –
„Ich glaub', es ist besser, wir gehen jetzt heim", sagte Frau Margaret und stand auf.
„Aber den Knecht laßt mir wenigstens da", flehte der Onkel. „Wer weiß, ob du uns morgen noch am Leben triffst."
„Bestimmt", erwiderte die Frau und nickte ein wenig schalkhaft und gütig ihrem Schwager zu. „Komm, Johannes, gehen wir!"
Aber sie kamen nicht bis zur Türe.
Brrrrrr – machte es genau über ihnen. Brrrrrr – Bummmm. –
„Alle guten Geister" – keuchte der Onkel. „Heute treiben sie's ganz wild." – „Sind sie wieder da?" Die Tante saß steil im Sessel und hielt das Hörrohr gegen die Decke.
Die anderen nickten: „Ja."
Da – ganz deutlich, hier, genau über dem Tisch: ein Klopfen, ein kugelndes Klappern wie von dürren Stekken – oder sind es Knochen? – und dann ein schleifendes Geräusch, von da nach dorthin, bis es plötzlich mit einem Klopfschlag erstarb. Kein Ton, kein Laut sonst. Es war grauenhaft.
Johannes wandte sich zur Tür. „Ich komm' gleich wieder", sagte er. Hinter der Bodenstube angelte er, im Dunkeln tastend, die Stallaterne heraus. Sie war dick verstaubt.
„So", sagte er in der Stube. „Jetzt gehen wir hinauf und schauen nach."
„Recht so", nickte Frau Margaret ihrem Kleinen zu.
„Ich übernehme keine Verantwortung für das alles!" flüsterte der Onkel.

„Ist auch nicht notwendig", lächelte Frau Bosco und ging rasch hinter Johannes die alte, knarrende Treppe hinauf.
Sie standen vor der eisernen Feuertüre. Der Onkel, der vorsichtig hinten nachgekommen war, legte das Ohr daran und lauschte.

„Hörst du was?“ fragte der Knecht.
„Ich – ich glaub’ nicht“, hauchte der Onkel und machte ein Gesicht wie auf einer Blitzlichtaufnahme.
„Sperr doch bitte auf.“ Johannes nahm die Laterne hoch.
„Ja. Ganz recht“, sagte der Onkel mit brechender Stimme und steckte – immer fluchtbereit – den Schlüssel ins Schloß. Kreischend gab der Riegel nach. Dann traten alle ein paar Schritte zurück. Johannes stieß die Tür weit auf und hielt das Licht hoch. Es roch nach Gebälk, Staub und Stroh. Alte, dumpfe Dachbodenluft kam aus der Türe. Das Licht flatterte zitternd hinter halbzerbrochenen Glasscheiben. Mit hoch gehaltener Laterne ging der Bub in den dunklen Dachraum. Ein paar Strohhalme raschelten.
„Bleib stehen“, keuchte der Knecht schweißtriefend vor Aufregung und warmer Speicherluft und hielt ihn am Kittel zurück.
„Ist ja bis jetzt nichts los“, sagte Johannes ganz laut und normal. Dabei leuchtete er mit der Laterne den Raum aus, soweit der geringe Lichtschein eben reichte. Die übrigen Leidtragenden kamen nun auch bis knapp unter die Türe. Der Onkel tappte sogar einen Schritt weit in den Dachboden hinein.
„Also“, sagte Johannes, „es ist nichts da.“
„Aber du hast es doch selber gehört!“ Der Onkel äugte unentwegt den fahl erhellten Speicher ab.
„Freilich muß irgend etwas losgewesen sein“, erwiderte der Bub. „Aber anscheinend hat das Gespenst noch mehr Angst als du.“
„Laß die dummen Witze hier!“ Der Onkel kannte sich kaum mehr.
Johannes hielt ihm das Licht hin und bat ihn, es zu halten. Zögernd ergriff dieser die Laterne und schwenkte die offene Blende gegen das Gebälk. Im Türrahmen

standen die anderen und sahen dem Buben nach, der jetzt ganz in den Speicher hineinging. Sein langer Schatten spielte hüpfend im Gebälk. Johannes drehte sich suchend nach allen Seiten, bückte sich, um hinter und unter die Balkenschatten sehen zu können und sagte: „Nichts zu sehen, aber auch rein gar nichts!"
„Da!"- Der Knecht schrie plötzlich, sein Arm wies in die Ecke. „Da!" schrie er nur. Johannes wandte sich blitzschnell.
Wahrhaftiger Gott! Da bewegte sich etwas, etwas Niederes, Rundes – ein Kornsieb kam da auf ihn zu, ganz allein, mit dem Gitter nach oben – direkt zu ihm her.
Der Onkel stieß einen gurgelnden Laut aus, die Laterne fiel klirrend zu Boden, die Kerze erstarb unter den Trümmern – es war stockdunkel um den Buben, der nur noch davoneilende Schritte vernahm. Ein paar Atemzüge lang verwirrten sich seine Sinne. - Dann hörte er die Mutter nach Kerze und Feuer rufen. Ja, ja, die Mutter ließ ihn schon nicht im Stich. Sie schien ihn heute auszuprobieren. Wahrscheinlich dachte sie längst --- Was dachte wohl sie zu der Sache? Ein Kornsieb bewegt sich von selber; warum bewegt es sich? Wird vielleicht eine arme Seele oder der Teufel ein Kornsieb da auf dem Dachboden hin- und herschleifen? Bestimmt nicht! Warum also dann? Weil etwas darunter ist, was sich bewegt!
Johannes lächelte in seinem dunklen Warteraum. „Tock, tock, tock", sagte er leise. Sogleich hörte er das Schleifen des Siebes. – Aha! Auf den Zehenspitzen schlich er in eine entfernte Ecke. „Tock, tock, tock", machte er.
Das Sieb rutschte in die neue Richtung. Bumm, machte es dann und blieb stehen. Angestoßen, dachte Johannes, am Balken angestoßen. Daher also das „Bumm" dazwischen. Jetzt wußte er alles.

Er tastete sich zu seinem Platz zurück, gerade noch rechtzeitig, ehe die neue Kerze ihren Schein zur Türe hereinwarf.
„Johannes“, das war die Mutter. „Pst“, machte der Bub, lachte und legte den Zeigefinger auf den Mund. „Du Schlingel“, sagte die Mutter und blinzelte ihm zu. Jetzt kam der Onkel unter die Türe. „Lebst du noch?“ keuchte er.
„Huhuhuhuuu“, jaulte Johannes mit vorgehaltener Hand.
„Treib's nicht auf die Spitze, Bub, ich fleh' dich an! Sonst holt der Teufel uns alle noch!“
„Huhuhuhuuuhuhuuu!“ – Johannes wimmerte, so gespenstisch er nur konnte.
„Du kriegst einen Soldo von mir, wenn du aufhörst und herauskommst.“ Der Onkel wischte sich mit dem Handrücken den Schweiß von der Stirne.
„Hohohohuii“ – der Bub wurde übermütig.
„Zwei Soldi, zwei ganze Soldi“, kreischte der Onkel.
„Es genügt“, sagte die Mutter. Johannes kam zur Türe. „So“, sagte er, „aber jetzt nicht wieder fortlaufen, wenn ich das Gespenst beschwöre. Toooocktocktocktock“, machte er. Aus einer Ecke kam das Sieb, rasend schnell, direkt auf die Türe zu. Johannes trat einen Schritt vor. Bumm, machte das Sieb und blieb vor seinen Füßen liegen. „Herr, erbarme dich unser“, stöhnte der Onkel.
Da bückte sich Johannes und faßte das Sieb mit beiden Händen. „Nicht aufheben“, schrien Onkel und Knecht und gingen in Startstellung – aber da flatterte schon das Huhn zwischen ihren O-Beinen hindurch in die lang ersehnte Freiheit...
Drunten, vor der Haustüre, beim Gutnachtsagen, zahlte der Onkel unter Seufzern seine zwei Soldi. „Ich hab' mir ja gleich so was Ähnliches gedacht“, sagte er, „aber ich wollte dir den Spaß nicht verderben.“

„Vergelts Gott!“ sagte Johannes und ging mit seiner Mutter. Aber er wandte sich nochmals um und rief: „Und vergiß nicht, Onkel: Achtens, du sollst nicht lügen!“
„Es war ja nur ein Scherz von ihm“, sagte die Mutter. So gingen sie miteinander durch die Nacht nach Hause.
„Wie nur die Henne da hinuntergekommen ist“, meinte der Bub nach einer Weile.
„Aber das ist jetzt auch nicht mehr schwer zu erraten“, entgegnete Mutter Margarete und erklärte dem Buben, das Sieb sei wohl an der Wand gestanden und das im Dachboden verirrte Huhn habe es über sich umgestoßen, als es die im Geflecht steckenden Körner herauspicken wollte.
Schon im Bett liegend, fing Johannes nochmals davon an.
„Mutter, sag einmal, warum haben eigentlich die großen Leute soviel Angst vor Gespenstern und so ähnlichem Zeug?“

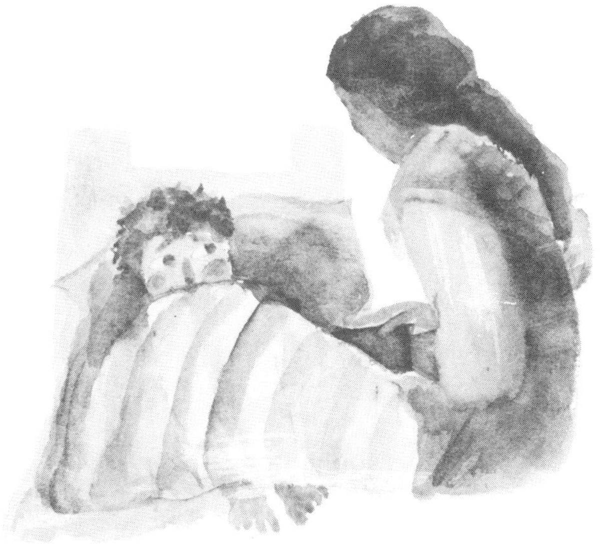

„Schlaf jetzt!“ sagte die Mutter. –
„Bloß diese eine Frage noch!“ bettelte er. –
„Meinetwegen – wahrscheinlich, weil sie eine ganz falsche Meinung haben von Gott.“
„Aha“, sagte Johannes und schlief schon dreiviertels.

„Wenn ich mit den anderen Jungen spiele“,

sagte Johannes zu seiner Mutter, dann lassen sie das Streiten und wüste Reden und benehmen sich ganz ordentlich.“ Wer das von sich sagen konnte, war auf jeden Fall richtig! Johannes lebte nicht immer nur von Einfällen der anderen, sondern die anderen warteten auf seine Einfälle. Er hatte immer die tollsten Ideen zuerst, er trainierte, wenn er allein war, alle seine neuen, bis dahin noch nie dagewesenen Spiele so lange, bis er sie meisterhaft konnte. Und was er alles brachte!
Er konnte zum Beispiel zaubern. Das hatte er den wandernden Zirkusleuten abgeguckt, und pfiffig, wie er war, entdeckte er die Tricks: Münzen verschlucken und sie einem Jungen aus der Nase herausziehen, Eier oder Bälle verschwinden lassen und hernach doppelt soviele

wieder herzaubern, oder einen Hahn scheinbar schlachten und wieder so lebendig machen, daß er lauter krähte als zuvor; das waren so seine gewöhnlichen Kunststücke. Was aber in aller Welt wollte er denn mit seinen Vorstellungen eigentlich? Wollte er angeben? Großtun und von sich reden machen?

Weshalb erfand er z.B. immer neue Spiele, die so fesselnd waren, daß alle anderen Unterhaltungen fad und billig wurden? Oder warum lernte er seiltanzen, Salto-Mortale schlagen, Feuer schlucken, mit Kugeln und Kegeln jonglieren, Vogelstimmen nachmachen, stehend reiten und den Riesenschwung auf einem Ast machen?
Ach was! Wenn ein Junge okay ist, merkt er ja gar nicht, daß er imponiert. Es ist einfach so.
Wenn sich die Bubenhorde, die sich an jedem freien Tag um Johannes sammelte, müde getobt hatte, setzten sich alle auf einen schattigen Rasenplatz zusammen und plauderten. Dann erzählte Johannes Geschichten, oder er betete mit allen gemeinsam, sang Lieder und machte ein paar lustige Tricks mit Hilfe seiner unglaublichen Fingerfertigkeiten.
Als er größer war, ersann er kleine Theaterstücke und ließ sie spielen. Auch konnte er glockenhell singen und ordentlich Geige spielen, vorlesen, die Messe und die Heilige Schrift erklären, alles klar und mit einfacher Sprache, wie eben ein Bub redet.
Einmal träumte ihm, er stehe vor einer Menge wilder Tiere; dann sah er eine strahlende Frau, die er um Hilfe anrief. Da wurden aus den wilden Tieren friedliche Lämmer.
Erst viel später, als der Traum sich wiederholte, erkannte er darin einen eindeutigen Auftrag, seine Lebensaufgabe.

Der schwarze Beppo

„Es eilt noch nicht", sagten die Leute, die sich zur Abendandacht eingefunden hatten, und plauderten deshalb noch ein wenig vor der kleinen Kirche. Die Schulkinder freilich waren schon auf ihren Plätzen, und die alten Leute auch, denen das lange Stehen Beschwerden machte und die deshalb einen Platz in den Bänken bekommen wollten.

„Weshalb die Kinder heute nur so unruhig sind?" dachte die alte Wollspinnerin Philomena aus Bardella; „in einem fort drehen sie die Köpfe herum und schauen zurück zur Kirchentür, anstatt andächtig nach vorn zu sehen und zu beten." Und sie guckte eigens auch einmal zurück, nur so ein klein wenig, ob denn da hinten etwas Aufregendes zu erleben wäre. Aber sie sah nur die alte Eichentüre, durch die das Geplauder der Männer und Burschen und der Frauen und Mädchen, die noch das Zusammenläuten abwarteten, wie fernes Stimmengewirr ins kleine Gotteshaus drang. Vorne aber, bei den Kindern, fieberte die Unruhe durch die Reihen, zündete von Bank zu Bank und wurde beängstigend. Sogar Johannes, der Bub der braven Margaret aus Becchi drüben, schien sich für das Geflüster seiner Nachbarn zu interessieren; denn eben beugte er sich doch ein wenig zur Seite, horchte und schüttelte anschließend den Kopf sehr heftig. „Doch! Er kommt bestimmt hierher!" flüsterte so ein quecksilbriger Treibauf von rechts zu Johannes hinüber. „Er wollte schon vor Beginn der Andacht dasein!" – „Die Mädchen wissen wohl auch bereits etwas Besonderes", dachte Philomena, da sie sah, wie die Köpfe hin und her gingen und die Stimmen in einem fort wisperten und kicherten. Wenn das nur nichts Schlimmes zu bedeuten hat!

Die Sakristeitüre ging auf und knarrte ein wenig, so daß es einen Augenblick lang still wurde; es kam aber nur der Küster, er schlurfte durch den Mittelgang zurück. Gott sei Dank, jetzt läutet er zusammen, dann kommen die Leute herein, und es geht alles gut.- Der Küster nahm das fransige Ende des dünnen Glockenseiles vom Mauerhaken.

„Rätätätätäää!"

Aber das war doch nicht die Glocke!

„Tätere tää! Täätere tää!"

Eine Trompete!- „Das ist er! Er ist da!" – Die Kinder waren nicht mehr aufzuhalten! Und der alte Küster kam nicht mehr zum Läuten; denn ehe er sich's versah, stürzten

die ersten wie wild aus den Bänken und hasteten dem Ausgang zu. Andere Buben folgten, die Mädchen schoben sich gegenseitig aus den Plätzen heraus, und die Frauen, die das ungezügelte Schulvolk zurückhalten wollten, sahen sich plötzlich in den Strudel gezerrt und mitgerissen und landeten mitsamt dem alten Küster vor der Kirche.
Draußen standen die Leute um einen schwarzhaarigen, verwegenen Burschen, der unaufhörlich auf einer Trompete blies.
„Der schwarze Beppo!" schrien die Kinder.
Ja, das war der schwarze Beppo! Eben setzte er die Trompete ab, schnalzte mit der Zunge und schob den Hut frech zurück.
„Alles lacht, alles staunt!" schrie er und schwang ein Seil wie ein Lassowerfer in die Luft. „Seiltanzen! Schwarzer Beppo! Seiltanzen!" schrien die Kinder und lärmten wild durcheinander.
„Los, Beppo!" mischten sich nun auch die Burschen ein, „zeig deine Kunst!" – „Was gibt's denn dort vorne, Frau Nachbarin?" fragte die alte Philomena. „Der Gaukler ist wieder da", erklärte ihr ein großer, breitschultriger Bauer, der über alle hinwegsehen konnte.
„Soso, der! Muß der gerade zur Zeit der Abendandacht kommen?" Sie erhielt keine Antwort mehr, denn der Bauer stellte sich nun auch noch auf die Zehenspitzen und schaute aufmerksam nach vorne: Dort hatte sich eben ein Bub durch die dichtgedrängte Menge geschoben und sich vorne, in der ersten Reihe, fünf Schritte vor dem Gaukler hingepflanzt; niemand hatte ihn daran gehindert.
Jetzt geschieht etwas – jeder spürte es.
Der Junge sah den schwarzen Beppo an, vom Kopf bis zum Fuß und wieder zum Kopf. Die Blicke der beiden trafen sich; Johannes schätzte den Gaukler ab. Er sah

auf dessen Hände – die waren flink und dünn wie Ebenholz – also hatte er es hier mit einem guten Taschenspieler zu tun! Er sah die Muskeln, den Brustkorb, die sehnige Gestalt: Ein guter Läufer mußte das sein! Und dann sah er etwas, was ihm einen Schimmer Hoffnung gab: Der schwere Oberkörper auf den langen Beinen war wenig geeignet für ein Kunststück, das alle Beherrschung des Gleichgewichts verlangte. Dem Schwarzhaarigen wurde die lange Musterung durch den kleinen Buben ungemütlich. Was wollte denn der Frechdachs von ihm? Weshalb war es denn auf einmal so still hier?
Die Leute blinzelten zu Johannes hin, zwinkerten aufmunternd mit den Augen, und Johannes verstand ihre Zeichen sehr gut: Zeig ihm doch, was du kannst! wollten sie damit sagen. Laß ihn merken, daß hier in dem kleinen Bauerndorf die Leute auch nicht von gestern sind! Und die Burschen gaben dem schwarzen Beppo Zeichen und deuteten mit den Köpfen zu Johannes hin. „Da, wir haben doch selber Artisten unter uns", sollte das heißen.
Der Gaukler ging auf Johannes zu. Langsam, mit verächtlich herabgezogenen Mundwinkeln. „Möchtest du mich etwa gar herausfordern, du Dreikäsehoch?" fragte er und ließ dabei das Seilende in ununterbrochenen Schlangenwindungen dicht vor der Nase des Buben tanzen. – „Ja, das will ich", sagte Johannes. Er ließ den Blick nicht von dem tanzenden Strick. Plötzlich schnellte seine Hand in den Kreis der Seilwindungen und führte eine ruckartige Gegendrehung aus. Das Seil stieg in die Höhe, sackte jäh ab und schlug seine Windungen um des Gauklers Schultern und Arme.
„Bravo! Bravo, Johannes!" schrien die Buben und tanzten von einem Bein aufs andere, die Bauern lachten laut und dröhnten, und die Mädchen und Frauen kicherten vergnügt. „Recht so, Johannes! Laß ihn nur sehen, daß

wir auch etwas können!“ riefen die Burschen. – „Los, Beppo! Wenn du bei uns auftreten willst, mußt du erst zeigen, daß du mehr kannst als unsere Schulbuben!“ ließ sich der alte Schuster von Becchi hören. Und alle pflichteten ihm mit viel Gelächter bei.
„Seiltanzen! Seiltanzen, Beppo!“ riefen die Kinder. Der Gaukler hatte sich mittlerweile von den Schlingen seines Seiles freigemacht, schob den Hut nun völlig in den Nacken und steckte beide Hände in die Taschen. Breitspurig stand er da. „Ich bin doch nicht hierhergekommen“, rief er den Leuten böse zu, „um mit einem Suppenkind Wettkämpfe zu veranstalten.“
„Faule Ausreden“, riefen die Burschen. „Er hat Angst zu verlieren!“ „Hasenfuß! – Feigling!“ – Es ging sehr laut her.

Der Schwarze lief rot an; die Adern an den Schläfen wurden ganz hoch. „Was?" schrie er. „Ich? Ihr sollt euere blauen Wunder erleben!" – Die Schulkinder riefen im Sprechchor: „Seiltanzen! Seiltanzen!" So trompeteten sie in einem fort durch das Gelärme.
„Bitte – wenn ihr euch unbedingt blamieren wollt", grollte der Gaukler, „an mir soll's nicht liegen", und warf das Seil einigen Burschen zu und deutete auf zwei Bäume, die gleich dort neben der kleinen Kirche standen.
„Ruhe!" rief ein Knecht vom Meierhof, „erst die Bedingungen."
Der schwarze Beppo winkte mit der Hand. „Ich wette ja im allgemeinen nicht mit Schulkindern", rief er in die Menge. „Aber weil ihr es so haben wollt, so bekomme ich von jedem von euch einen Eintrittspreis von 20 Pfennig für die Vorstellung und ich verlange zusätzlich, daß das freche Bürschlein da sofort nach dem Seiltanz nach Hause geschickt wird, vorausgesetzt, daß es noch heile Knochen hat."
„Vorausgesetzt, daß du gewinnst", warf der Knecht ein.
Die Leute stimmten lachend zu. Der Spaß war schon 20 Pfennig wert.
In diesem Augenblick trat der alte Pfarrer, der die Andacht halten wollte, unbemerkt hinter die letzten Zuschauer und sah sich den Störenfried an, der die Leute ausgerechnet zu dieser Zeit mit Gauklerstücken so neugierig und schaulustig machen mußte.
Aber – war das nicht sein Schüler Johannes, der da vorne mit dem schwarzen Beppo verhandelte? Doch, ganz bestimmt!
„Wenn aber ich gewinne", so hörte er jetzt im Lärm den kleinen Bosco sagen –
„Ruhe!" schrie jemand dazwischen, „Ruhe – unser Johannes gibt seine Wettbedingungen bekannt."
Die Menge wurde ruhiger.

„Wenn ich gewinne“, wiederholte der Bub und sah dem Gaukler fest in die Augen, „so will ich kein Geld, aber ich verlange, daß Ihr Euere Sachen hier schleunigst zusammenpackt und abzieht und nie mehr zu einer Zeit kommt, in der eine Andacht angesetzt ist!“

Für einen Augenblick war es grabesstill. Ein paar alte Bauern nickten vielsagend und bedächtig mit dem Kopf. Den Kindern blieb der Mund halb offen, und der alte Pfarrer wischte sich einmal ganz leicht mit dem Handrücken über die Augen.
„Ach – so ist das“, murmelte er vor sich hin.
„Respekt!“ meinte ein Mann, der gleich neben Johannes stand, und klopfte ihm mit der großen Hand auf die schmale Schulter.
„Tja“, meinte der alte Küster, „auch so was gibt es heutzutage noch.“
Und der Bauer vom Meierhof, der eben den Herrn Pfarrer bemerkt hatte, fügte ein wenig lächelnd, aber ganz ehrlich hinzu: „Der Bub da hat uns für heut schon eine Predigt gehalten – und eine ganz ordentliche, meine ich!“
Das letzte hatte Johannes nicht mehr gehört, denn er stand jetzt dicht bei Beppo, von den Burschen und Klassenkameraden umringt, und vereinbarte die Durchführungsbestimmungen für den Wettkampf. Man warf eine Münze: Der Adler galt für Johannes, die Zahl für den Gaukler. Die Zahl fiel nach oben. Beppo hatte demnach als erster auf das Seil zu gehen, zwei Minuten lang. Johannes mußte ihm als zweiter alles genau nachmachen und sodann neue Kunststücke vollbringen, die anschließend Beppo wieder nachzumachen hatte. Wer ein Kunststück nicht konnte, hatte einen Fehlpunkt. Der Seiltänzer mit den meisten Fehlpunkten hatte verloren.

*

„Wenn das nur gut ausgeht“, jammerte Philomena drüben vor den zwei Bäumen, schaute entsetzt auf das Seil da oben, das straff gespannt und fest verknotet worden war. Die Männer standen im Hintergrund und sahen mit kalter Abschätzung zu, wie Beppo an dem einen Baum emporkletterte und den rechten Fuß prüfend auf das Seil stellte, ehe er eine schwere Stange, die man herbeigeholt hatte, waagrecht hob und ins Seil ging. Die Frauen wisperten aufgeregt und fingerten an den Schurzzipfeln. Beppo ging einmal prüfend über das Seil. Seine Sicherheit war eindeutig zu erkennen. Nun gab er mit dem Kopf ein Zeichen: Die Wettvorführung begann. Den Leuten stockte der Atem! Er ging rückwärts! Vorsichtig setzte er einen Fuß hinter den anderen. Jetzt war er in der Mitte, schwankte ein wenig zur Seite, glich aber sofort die Lage mit Hilfe der Balancierstange wieder aus. Ganz leicht begann er die Knie zu beugen; Stück um Stück tiefer, das linke Bein rückte immer weiter vor, bis das rechte Schienbein flach auf dem Seil ruhte: Er kniete. So verhielt er, immerfort mit der Stange nach der einen oder andern Seite ausgleichend, sekundenlang verwegen auf dem Seil. Dann zog er das Bein vorsichtig an, ging langsam höher, bis er wieder stand, und lief aufrecht nach vorne in die festen Arme der Äste. Die Leute klatschten.

Johannes kletterte hoch. Die Kameraden reichten ihm die Stange zu. Er machte ein Kreuzzeichen und ging ins Seil, das unter seinem Fliegengewicht weniger durchfederte. Bei dem Buben sah alles so spielerisch und einfach aus. Vielleicht hatte man sich auch schon an den luftigen Anblick gewöhnt. Er lief über das Seil, etwas rascher als sein Gegenspieler, winkte lächelnd hinunter und begann den Weg rückwärts. Es war mäuschenstill unter den Zuschauern.

Aber mit einemmal begann ein Kichern und verhaltenes Lachen, das immer lauter wurde und schließlich in belustigtes Gelächter überging; denn der Bub dort oben auf dem Seil ging nicht einfach so tastend rückwärts wie sein Vorgänger, sondern heuchelte Unsicherheit und Angst! Er zog – jeweils auf einem Fuß stehend – das andere Bein hoch an, langte zurück und trat rechts oder links neben dem Seil ins Leere, zog rasch den Fuß wieder hoch an und machte das alles noch einmal, ehe er auftrat. Das sah nun wirklich so urkomisch aus, daß man gar nicht mehr daran dachte, wie gefährlich diese Vorstellung eigentlich war, und daß dem lustigen Schaustück viele, viele Stunden harter Übungen auf einem niedrig gespannten Seil vorangegangen waren. – Nun kam die Kniebeuge. Aber nicht genug damit: Johannes beugte den Oberkörper weit nach vorne, legte die Stange auf das nach vorn gestreckte Bein, zog den Kittel aus, zeigte ihn rechts und links her und zog ihn wieder an. Die Leute klatschten, bis ihnen die Hände brannten. Aber da begann der kleine Seiltänzer auch schon die nächste Nummer, denn nun konnte ja er die Art der Wettübung bestimmen: Er begann auf und ab zu wippen. Die Bäume waren geschmeidig genug und federten nach, immer mehr, immer stärker, auf und ab – und plötzlich schrie die Menge auf – der Bub rutschte hart seitwärts am Seil vorbei, saß eine tiefe Schwingbewegung lang drauf, und als es wieder nach oben federte, zog er blitzschnell die Beine an und stand wieder, ließ die Schwingungen ausgleiten und winkte lächelnd, ehe er zu seinem Baum zurückkehrte.

Nun kam der schwarze Beppo an die Reihe.
Er machte ein recht saueres Gesicht. Die Leute merkten es und wurden unruhig. Johannes rief ihm etwas zu, eine Frage: Ob er denn aufgeben wolle. Beppo schüttelte den Kopf und begann zu wippen. Immer stärker. Jetzt hatte er den größeren Schwung. Er ließ sich seitwärts abgleiten, setzte sich aufs schwingende Seil – bekam zu viel Rückenlage und kippte nach hinten über. Seine Hände krallten nach dem Seil, die Stange fiel polternd zur Erde – die Leute schrien vor Aufregung, wie er da oben in den Kniekehlen hing, bis er sich den Händen allein anvertraute und dem Seil entlang um Griffweiten zum Baume pendelte und herunterstieg. Nun, da er wieder festen Boden unter den Füßen hatte, begehrte er auf. Die Übung mit dem Federn sei unfair gewesen bei seinem Körpergewicht. Und andere Gründe und Scheingründe hielt er dem lachenden Publikum vor, um noch eine Chance für sich zu retten.
Johannes gab ihm eine. –

Eine ganz kurze Sache nur, sagte er. Nur eine halbe Minute Zeit würde sie beanspruchen. Und er stieg nochmals auf den Baum, begab sich zur Seilmitte, warf die Stange ab, setzte sich aufs Seil, ließ sich nach rückwärts abgleiten und hing für einen Augenblick in den Knien, die Hände am Seil; nun streckte er die Beine durch, mehr und mehr, die Füße hingen sich am Seil ein, gleich oberhalb der Zehen, und nun- gab er die Hände frei und breitete sie waagrecht aus. Er hing frei an den Füßen! Erst als er nach wenigen Sekunden wieder Griff gefaßt hatte und dem Seilende zuturnte, belohnten Jubel und Klatschen den kleinen Künstler. – Der Gaukler verzichtete auf die Gegenvorstellung.
Während er seine Siebensachen packte und sich der Straße zuwandte, lachten die Leute noch immer. „Dem hat er's aber gezeigt", sagte einer ganz laut – und wurde plötzlich verlegen; denn es war so seltsam still geworden hier. Und eben ging der Bub, der den Gaukler besiegt hatte, mit einem vielsagenden Lächeln durch die Menge hindurch auf die Kirchentüre zu, drehte sich dort herum und sagte laut und sehr nett: „Jetzt gehn wir aber zur Andacht."
Und sie gingen alle.

Mitten im Winter mußte er fort,

der zwölfjährige Junge, weil zu Hause das Geld nicht mehr für alle reichte. Auch mochte es der ältere Stiefbruder gar nicht sehen, daß Johannes in jeder freien Minute, wenn die übrige Arbeit im Stall und im Haus verrichtet war, ein Buch in die Hand nahm und lernte. Mit einem schmalen Bündel Wäsche und dem Segen der Mutter stapfte der kleine Don Bosco von Dorf zu Dorf, bis er eine Anstellung bekam. Da wurde er Korbflechter und Kindsmagd. Abends las er in Büchern, lernte besser lesen, schreiben und rechnen, und schließlich begann ein Kaplan Lateinunterricht mit ihm.
Und eines Tages fiel die erste große Entscheidung: Er durfte in die öffentliche Schule nach Castelnuovo, das in der Nähe von Becchi liegt.
Weil er von daheim kaum das Nötigste mitbekommen hatte und viel hungern mußte, verdiente sich der nun Fünfzehnjährige etwas Geld als Werkstudent. Überall, wo ein paar flinke Hände, ein heller Kopf und ein fröhliches Herz gebraucht wurden, packte er frisch zu und war sich nicht zu gut für eine sauere Arbeit. Er bediente in Gaststätten, gab Nachhilfestunden und arbeitete sich in brauchbaren und auch recht seltsamen Berufen ein: Er lernte schreinern, schneidern, schlossern, Strümpfe stricken und Schuhe sohlen. Man weiß nie, wofür es eines Tages gut ist, sagte er und wurde Orgelspieler, Schnapsbrenner, Chorsänger und Konditor.
Und in der Schule ein prächtiger Kamerad. Ja, die Schule; das war so ein Kapitel! In Castelnuovo konnte er unmöglich bleiben; denn wenn er seinen heimlichen Plan, Jugendseelsorger zu werden, durchführen wollte, mußte er schon ans Gymnasium nach Chieri. Ein Priester half ihm durch eine Spende, so daß mit dem Plan

ernst gemacht werden konnte. Einige gute Leute aus der Heimat schlossen sich an, machten auch die Geldbörsen auf, und schon ging es leichter.
Chieri liegt 15 Kilometer vor Turin, an drei Seiten von Hügeln begrenzt; ein ganz ansehnliches Städtchen, in das der Gymnasiast nun zog. Ein großer, kräftiger Junge war aus ihm geworden. Und ein gescheites Köpfchen hatte er. So kam es, daß er eines Tages sogar den gefürchteten Klaßleiter besiegte...

Der Tschima

„Er kommt!" schrie der Posten, den die Klasse aufgestellt hatte; denn von dieser Stelle aus konnte man am besten sehen, wenn er die Treppe heraufkam. Alle fuhren auseinander und hasteten auf ihre Plätze. Der Posten machte die Türe zu. Dann kam er.
Man hörte seine Stiefel die Stiege heraufknarzen, er rauschte am Gang daher, die Klaßtüre ging hart auf, die Schüler rumpelten von ihren Sitzen hoch und standen dann, mit möglichst gleichgültigen Gesichtern, unbeweglich in den Bänken, während der Gestrenge das Podium bestieg und seine kugeldicken, ovalen Brillengläser über die Reihen blitzen ließ.
„Setzen!" sagte er.
Die Sitze klapperten. Dann wurde es still wie in einem Leichenhaus. Johannes Bosco saß in der dritten Bank. Vorne begann der Tschima – er hieß eigentlich Professor Dr. Cima –, seine täglich gleichgearteten Vorbereitungen zu treffen: Er schlug die von Oberstudienrat Donatus herausgegebene lateinische Grammatik auf, strich mit seinen unheimlich großen Händen ein paarmal zärtlich über den Rücken des Buches, nahm sodann ein Notizbuch mit schwarzgeripptem Wachstucheinband aus der linken Brusttasche, angelte einen Bleistift, lang und dünn gespitzt, aus dem Falz des Notizbuches, zog die Blechhülse ab und stülpte sie auf das Ende des Bleistiftes.

Die Klasse verhielt den Atem; denn jetzt mußte sich entscheiden, ob er mit scharfem Kreuzverhör das Wissen der Schüler prüfen oder im Stoff weitergehen wollte.
Boscos linke Hand verschwand Stück um Stück unter der Bankplatte. Der Nebenmann schielte hinüber. Die Hand fingerte unten fieberhaft zwischen Heften und Büchern. Dann kam sie, ganz langsam, wieder herauf. „Hast du ihn?“ hauchte der Nebenmann, ohne die Lippen zu bewegen. Ein kaum merkliches Kopfschütteln. So ein Salat. Hinter Bosco saß der kleine Luigi und sah die Bescherung. Er stieß mit dem Ellenbogen den Nachbarn an. Zog die Stirn in Falten und deutete mit dem Kinn zu Johannes vor. „Den Nepos vergessen“, flüsterte er, ohne ein „S“ auszusprechen. Das konnte ja nett werden heute. – Die ovalen Brillengläser flitzten über heiße Gesichter, die sich aufmerksam über Bücher beugten.
„In der letzten Stunde sind wir stehengeblieben bei jener klassischen Stelle...“ Die Klasse atmete auf; denn diese Einleitung war ein unbedingt sicheres Zeichen dafür, daß kein Abfragen erfolgte. Man schlug den Cornelius Nepos auf und suchte jene klassische Stelle... Es war ein heißer Tag. Die Sommerferien standen bevor. Eine dicke, grün schillernde Fliege brummte an der Fensterscheibe. Vorne, in der dritten Bank, saß Bosco mit hochrotem Kopf. Noch hatte der Tschima nicht bemerkt, daß er vor einem leeren Pultdeckel saß. Jeden Augenblick, jede Sekunde konnte der Tanz losgehen.
Am besten wäre es, er meldete sich gleich selber! Ist ja aussichtslos, so durchzukommen! Bei einem anderen Lehrer hätte jeder das Kunststück probiert, aber beim Tschima war so ein Abenteuer eine scheußlich gefährliche Sache. Da geschah etwas Unglaubliches: Man konnte deutlich sehen, wie Bosco statt des Nepos ein ganz anderes Buch unter der Bank hervorholte, es rasch irgendwo aufschlug und es, rechts und links haltend,

etwas hochkantete. So saß er da, noch ein bißchen rot im Gesicht, blinzelte seinem Nebenmann zu: Wer nichts wagt, gewinnt nichts! Und tat als ob. –

Dem kleinen Luigi dahinter bibberten die Zähne aneinander.

Die funkelnden Gläser suchten das erste Opfer. Der Schuß fiel in die zweite Bank. Es ging so leidlich bei dem Aufgerufenen. „Der Nebenmann weiterfahren." – „Gut, setzen, der nächste." Langsam brachte der Tschima die Klasse auf Touren. Haarscharf um Bosco herum schlugen die Blitze ein. Bis wieder eine klassische Stelle kam. Der Lehrer nahm die Kreide zur Hand, tippte mit dem Zeigefinger der linken Hand die rechte Manschettenstulpe etwas zurück und begann, die Kühnheit eines lateinischen Schachtelsatzes weiß auf schwarz zu explizieren. Den rückseitigen Anblick des Gestrengen ausnützend fuhren die Köpfe zusammen.

„Seinen Nepos hat er vergessen!" – „Ein anderes Buch hat er vor sich liegen!" –„Der macht Hackfleisch aus ihm!" – Es war abenteuerlich spannend, furchtbar und schön zugleich. „ST!", „Jetzt nur durchhalten", wisperten sie ihm zu.

Da fuhr der Tschima auf dem Absatz herum, daß die Rockschößе flogen. Die Ovalen funkelten in die jähe Stille hinein. Die Köpfe neigten sich behutsam hinter die Rücken der Vordermänner.

„Sooo-", sagte der Lehrer. „So,so!"

Ohne die Augen von der Klasse zu wenden, legte er Buch und Kreide aufs Pult. „Ich werde euch helfen!" – Das bedeutete Gewitter. Die Klasse wußte, wieviel es geschlagen hatte! Die Hände am Rücken, den Kopf etwas vorgeschoben, kam der Gefürchtete auf sie zu.

„Was habt ihr zu lachen?! Hm?!" Er hatte einen Instinkt für solche Dinge. Direkt auf den Unruheherd ging er zu. Es war so still, daß man hörte, wie sich der kleine Luigi

verschluckte. Schon stand der Tschima neben ihm. „Wird's bald?!" – Scharf und unausweichbar kamen die Worte. Sturm über der Klasse! Hilflos schauten die dort Sitzenden auf Johannes. Des Lehrers Augen folgten diesen Blicken. Da saß Bosco, mit rotem Kopf, daß die Ohren glühten, und sah vor sich ins Buch. Aha- da war der Ansatzpunkt. „Bosco, wiederholen!"
Johannes stand auf. Nahm das Buch hoch, das fremde, falsche Buch. Ein verschmitztes Lächeln huschte über sein frisches Gesicht. Dann begann er den Text zu lesen. Das heißt, er tat so, als ob! Auswendig sagte er ihn! Ohne

Stocken und Stottern. Die Kameraden bekamen Stielaugen, so groß wie Glaskugeln. Sie trauten ihren Ohren nicht mehr! Daß Bosco ein Allerweltskerl war, das wußten sie zur Genüge.
Daß er gescheit war, brauchte man ihnen auch nicht erst zu erzählen. Aber daß er ein Köpfchen hatte – soo ein Köpfchen!- Donner und Doria! – „Genügt", sagte der Tschima. Er hatte keine Ahnung von dem ganzen Bluff. „Erkläre den ganzen Satzbau." Die Stimme des Lehrers wurde versöhnlicher. Johannes begann von neuem. Auswendig natürlich, erklärte er die Konstruktion der lateinischen Satzwürmer. Die Augen hatte er dabei scheinheilig auf den vorgetäuschten Nepos gerichtet! Die Kameraden vergaßen zu schnaufen. So ein Tropf! Sagt aus dem Kopf, was wir mit drei Spickzetteln und eingebautem Löschblatt nicht fertigbrächten! Der hat tatsächlich allerhand in der Birne!
Dabei wurde es immer unglaublicher! Die Dinge, die der Tschima vorhin so nebenbei erwähnt hatte, sagte er auch noch dazu, als ob das ganz selbstverständlich wäre! Das ist ja – da fehlen einem die Worte! -- Langsam dreht sich der Lehrer um und beginnt beruhigt den Rückzug. Er hat nichts gemerkt, der Allesmerker. Diesmal hätte er es schon wissen dürfen! Wo hat er denn seine Augen, denen sonst auch nichts entgeht! Daß da einer mit der unschuldigsten Miene mitten in der Klasse sitzt und so gescheit ist, daß man es blitzen sieht! – Sie schauen einander an, rutschen vor Aufregung die Hosenböden blank, deuten mit den Händen umher, auf den Lehrer, auf Bosco, an ihre Stirne – das soll er ruhig wissen, was für Kerle sie sind! Was für tolle Knaben da herinsitzen, der ...
„Gut, Bosco, setzen." – Setzen, sagte er. Setzen für so etwas! Da soll einem das Herz nicht durchgehen! Da kriegt man ja einen Kropf, wenn man dazu schweigt! Es ging

nicht anders. Sie konnten nicht mehr sitzen vor Begeisterung. Sie mußten sich Luft machen, mußten einfach trampeln, Bravo schreien: „Bravo, Johannes! Bravo!“ Bis sie plötzlich den Tschima sahen. Um Gotteswillen, wie sah denn der aus! Sie hatten ihn wahrhaftig vergessen.
„Wollt ihr...“, seine Stimme klang wie ein zerbrochener Topf. Doch sie wollten bestimmt. Sie hatten es auch gar nicht so gemeint, es kam einfach so über sie.
„Fünfundzwanzig Jahre bin ich nun schon Lehrer an dieser Schule“, hörten sie ihn tonlos sagen. „Fünfundzwanzig Jahre. Und in all den Jahren ist mir's noch nie passiert...“
Johannes stand auf. Er wollte etwas sagen. Etwas Erklärendes, Entschuldigendes, Versöhnliches. Da riß dem Lehrer die Geduld. Mit zwei Schritten war er bei dem Burschen, der es wagte, zu all dem Geschehenen noch dreinzumaulen. Er zog aus. Wo er hinhaute, waren drei Tage lang die Finger zu sehen. Diesmal waren sie ein halbes Jahr zu sehen; denn Johannes bückte sich blitzschnell, und der Tschima klatschte an die Wand, daß der Gips kam. – Nein, die Buben lachten nicht. Sie blieben wie erstarrt. Sie sahen ihn an, wie ein zum Tode Verurteilter schaut, der nichts verbrochen hat. Sie kamen sich vor wie die Märtyrer im Kolosseum. Ihre Blicke fielen auf den Lehrer, und fielen ihm mitten ins Herz. Seine große, schwere Hand, die ein wenig weiß war von der Wand, lag auf dem falschen Nepos. Da begann er zu sprechen, so eigenartig, wie sie ihn noch nie gehört hatten: „So, jetzt könnt ihr sprechen.“ Und ob sie sprachen! Zwanzig schrien zur gleichen Zeit. Mit glänzenden Augen und fuchtelnden Händen! Der Lehrer hob die Hand von dem Buch und sah, daß er sie nicht auf den Cornelius Nepos, sondern tatsächlich auf ein anderes Buch gelegt hatte. „So, so“, sagte er, „ihr Gauner!“ Sie lachten

ihn an, als ob sie die drei Weisen aus dem Morgenland selber wären und er der Stern. Ihr Gauner, hatte er gesagt. Er war doch ein prächtiger Mann, ihr Tschima. Er sah Johannes an, der ihm ein so herzliches und ehrliches Lachen schenkte, daß er nicht mehr wußte, ob nun der Bauernbub von Becchi oder ein lachender Engel vor ihm stand. Er nahm ihn vorn beim Schopf, nur so ganz leicht. „Du Schlingel, du", sagte er, und seine Hand strich dem Buben die Haare wieder zurück. „Dank deinem Herrgott für die Gaben, die du hast. Und gebrauch sie für ihn."
Dann drehte er sich rasch herum und zog ein blaukariertes Schnupftuch aus der Tasche, mit dem er sehr lange die Brille putzte.

„Unter den Blinden ist der Einäugige König“,

schrieb Don Bosco in das Tagebuch der Erinnerungen, das er als Erwachsener auf den dringlichen Wunsch des Heiligen Vaters, Papst Pius IX., schreiben mußte. Aus diesen Blättern haben wir einen großen Teil der Ereignisse, die hier berichtet sind, nacherzählt. Mit dem Einäugigen meinte Don Bosco sich selbst; er wollte mit diesem Vergleich seinen zunehmenden Einfluß auf Mitschüler und Bekannte ins rechte Licht stellen: Nicht jeder Mensch hat Gelegenheit, aus der Not eine Tugend zu machen; nicht alle müssen aus Armut vieles lernen, was im Augenblick nur dem Lebensunterhalt dient. Und vielleicht hat Gott nicht jedem die Gaben und Fähigkeiten gegeben, die er ihm zuerkannt hatte. Einmal wollten ihn Kameraden dazu bringen, in den Weinbergen zu stehlen; er wies sie klar zurück. Andere luden ihn ein, mit ins Theater zu gehen; er erkundigte sich bei Bekannten nach dem Spielplan und erfuhr, daß es eine recht zweifelhafte Vorstellung war; da blitzten die Kameraden ab. – Im Café Pianta, wo er sich als Kellner sein Studiergeld verdiente, lernte er einen jungen Juden kennen. Die freundschaftlichen Gespräche im Billardzimmer führten den Israeliten zum Christentum und zur Taufe. – Dem Sakristan Pallazola gab er zwei Jahre lang kostenlos Unterricht, so daß dieser seinen Wunsch, Priester zu werden, verwirklichen konnte.
Johannes hatte einen Freund in der Schule, der klein und schmächtig war. Comollo hieß er. Es war ein feiner Junge, von dem Bosco viel Gutes annahm. „Von ihm habe ich gelernt, als Christ zu leben“, steht im Tagebuch. „Einer hatte den anderen nötig; ich brauchte seine geistige Hilfe und er meine starken Arme; denn Comollo

war schüchtern und verteidigte sich nie, wenn er von groben Mitschülern belästigt wurde. Ich dagegen wurde gefürchtet, weil ich mehr Mut und Kraft hatte.
Eines Tages wollten ein paar Raufbolde den kleinen Comollo schlagen. 'Wehe dem', rief ich aus, 'der meinem Kameraden da zu nahe kommt.' Einige der Größten und Frechsten nahmen eine drohende Stellung gegen mich ein, und gleichzeitig fielen zwei schallende Ohrfeigen in Comollos Gesicht. In diesem Augenblick wurde ich wie rasend. Ich packte einen Mitschüler bei den Achseln und schlug mit ihm auf die Angreifer ein. Vor Angst schreiend, stürzten sie davon...Als sich Gelegenheit ergab, mit Comollo unter vier Augen über den Vorfall zu sprechen, sagte mir dieser: 'Deine Kraft erschreckt mich fast; ich glaube aber nicht, daß sie dir gegeben wurde, um andere beinahe zu erschlagen.'

Ich lernte aus der Güte meines Freundes, mich zur Selbstbeherrschung zu erziehen...
Als wir einmal plaudernd an einer Kirche vorbeigingen und ich aus Gedankenlosigkeit die Kopfbedeckung nicht abnahm, sagte Comollo lächelnd: 'Du vergißt mir vor lauter Unterhaltung auch noch den Herrgott!'"

Johannes aber vergaß ihn nicht. Er wurde ein fröhlicher, hilfsbereiter und feiner Mensch. Die ihn kannten, hatten ihn alle gern; selbst der Domherr Burzio, den er so schrecklich hereingelegt hatte...

Spuk bei Cumino

Es klopfte. „Herein", sagte Kaplan Bertinetti. Ein einfach gekleideter Mann trat ins Zimmer, blieb an der Türe stehen und stellte sich mit einer Verneigung vor: „Mein Name ist Cumino, Thomas Cumino." Der Kaplan erhob sich, reichte ihm die Hand und schob einen Sessel zurecht. „Bitte, nehmen Sie Platz." Statt Platz zu nehmen, schaute sich der Eingetretene scheu um, als suche er jemand. Zuletzt sah er hinter den Ofenschirm. Der Kaplan lächelte gezwungen. „Suchen Sie etwas?" – „Nein – das heißt, ja..." War der Mann vielleicht gar...? „Oder glauben Sie, eine Hexe oder der Teufel sitze bei mir hinterm Ofenschirm?" Der Mann nahm ein großes, rotgeblümtes Taschentuch aus dem Hosensack und tupfte sich die bleiche Stirn ab. „Es könnte leicht sein, daß der Teufel dahinter sitzt, wenn er merkt, daß es ihm an den Kragen geht", sagte der Fremde. „Ich verstehe nicht so ganz...", meinte der Kaplan. „Glaub' ich, glaub' ich recht gern", begann der Mann – Bertinetti merkte, daß er mit irgendeinem Bericht, einem aufregenden und geheimnisvollen Bericht zu ihm gekommen war –, „aber Sie werden gleich besser verstehen, wenn ich Ihnen nun sage, daß ich einem Zauberer in die Hände gefallen bin!"

Nun mußte Bertinetti doch lachen. „Aber mein lieber Herr – ah, wie war doch Ihr Name? Cumino, ganz recht,

also Herr Cumino: Zauberer gibt es im Volksschullesebuch und im Märchen, aber nicht bei Ihnen zu Hause!"
„Herr Kaplan", sagte Cumino todernst, „Sie halten mich jetzt wahrscheinlich für nervenkrank. Ich bin es aber nicht, gewiß nicht. Ich ginge sonst nicht zu Ihnen, sondern zu Doktor Friscani, der ist nämlich unser Hausarzt. Um es kurz zu sagen: Ich habe ein kleines Fremdenheim, in dem ich Zimmer vermiete. Und einer meiner Gäste ist ein Zauberer. Wahrscheinlich hat er ein Bündnis mit dem Teufel geschlossen, vielleicht in einem Vertrag um Mitternacht..." – „Können Sie nähere Anhaltspunkte dafür geben?" unterbrach der Kaplan. „Ja, das kann ich", sagte der Mann, „bei mir zu Hause geht es um, und zwar gräßlich."
„Und wer ist der Zauberer, wie Sie ihn nennen?"
„Herr Kaplan, kennen Sie zufällig den Bosco, Johannes Bosco...?"
„Ah, den Ministranten von St. Lukas? Kenn' ich, kenn' ich! Ein lieber Junge, nicht wahr? Ein anständiger, immer fröhlicher Bursche – aber weshalb sehen Sie mich denn so erstaunt an?" – „Von dem Sie da reden, Herr Kaplan, dieser Bosco eben, der ist vom Teufel besessen!" – Bertinetti fuhr hoch. „Herr Cumino, Sie reden wohl irr?!" – „Ich bin ganz normal", sagte Cumino trocken. – „Das begreife ich nicht mehr", sagte Bertinetti mehr zu sich selbst als zu seinem Besucher.
„Sehen Sie, Herr Kaplan", erklärte Cumino, „ich hatte auch Freude an dem Jungen. Er war immer fröhlich, und gerade deswegen gewährten ihm meine Frau und ich Unterkunft, er bekam ein nettes möbliertes Zimmer bei uns, das Essen genau wie wir selber, er durfte am selben Tisch sitzen und aus derselben Schüssel schöpfen. Er war, wie Sie ihn ja selber kennen und beschrieben haben: freundlich, anständig, und wenn ich ihn bat, Scherze zu vollbringen, konnte er auch übermütig sein,

nicht boshaft, nein, sondern mit so einem feinen Schalk hinter den Ohren. Und fromm war er auch, jawohl. Damals, bevor ihn der Teufel am Genick hatte; denn jetzt kann ich's mir nicht mehr vorstellen...Ja, Herr Kaplan, vielleicht bin ich selber ein wenig daran schuld, daß er so auf Abwege geriet; denn ich freute mich an seinen Scherzen und bat ihn immer um weitere – da werden sie ihm ausgegangen sein, und er hat sich dem Teufel verschrieben; der wußte neue – na, und was für welche: Sie werden gleich hören!

Also zuerst war's harmlos: daß mein Taschentuch verschwand und woanders wieder auftauchte, daß ich den Lieferanten zahlen wollte und im Geldbeutel plötzlich lauter Hosenknöpfe waren, und das Geld hatte ich im Brillenetui, oder daß ich meine Brille in die Tasche steckte, und eine Viertelstunde später war sie weg. 'Johannes', sagte ich dann, 'meine Brille ist weg, hilf sie mir suchen.' Ich wußte natürlich schon, daß er zaubern konnte, und war gespannt, wie er die Brille herbrächte. 'Haben Sie denn schon in Ihrer Tasche nachgesehen, Hausherr?' sagte er und lächelte verschmitzt. Ach, so lieb konnte er lächeln, man soll's nicht für möglich halten, daß sich hinter einem so lieben Bubengesicht der Teufel verbirgt! 'Ja!' sag' ich, 'ich hab' alle Taschen schon durchgesehen, sogar umgekrempelt hab' ich sie. Johannes, sie ist nirgends drin, die Brille.' 'So schau'n Sie doch noch einmal', sagte er darauf. Ich schau also nochmals, obwohl ich weiß, sie kann nicht drin sein, die Brille. Und wie ich hineinlange, ist sie drin. – 'Seh'n Sie', sagt er darauf, 'Sie können nie richtig nachschauen', und lacht übers ganze Gesicht."

Der Kaplan wiegt mit dem Kopf hin und her. „Ich bin deshalb noch nicht überzeugt, daß hier der Teufel dahinterstecken muß", sagt er. – „Ich war's ja damals auch noch nicht, Herr Kaplan; ich sagte es Ihnen ja schon, daß ich

sogar oft um solche Scherze bat oder sie herausforderte. – Aber hören Sie, es kommt noch ganz anders! Hole ich mir da neulich ein paar Gassenbuben von der Straße und verspreche jedem fünf Centesimi, wenn sie mithelfen, drei Säcke voll Kies vom Garten hierher ans Haus zu schaffen. Ich geh' also selber mit, lade die Säcke mit auf den Handwagen und lade sie hier vor dem Haus wieder ab. Wie ich das Geld aus der Tasche nehmen will, ist es nicht drin. Ich gehe also ins Haus und suche meine Geldbörse. Da höre ich ein Mordsgeschrei auf der Straße, schau beim Fenster hinunter und meine, mich trifft der Schlag: da leeren die Bengel die Säcke mitten auf die Straße hin, aber es kommt kein Kies heraus, Nüsse kommen heraus, drei ganze Säcke voll Nüsse! Und ein paar Dutzend Gassenbengel sind zusammengerannt und balgen sich darum, überkugeln sich auf dem Bürgersteig, johlen und schreien. Natürlich stand Bosco mitten drunter und lachte vor Vergnügen. Sie können sich denken, Herr Kaplan, wie mir zumute war. Ich setze mich in den Lehnsessel und denke und sinniere, ob man das noch mit normalen menschlichen Fähigkeiten erklären kann. Aber ich finde keine Lösung. Da gehe ich hinunter, um wenigstens die leeren Säcke zu retten. Jetzt meine ich, mich hat's erwischt! Da stehen meine drei Säcke prallvoll an der Hauswand, und wie ich hineinschaue, ist nichts drin als Kies. Und wie ich den Mund ein paarmal auf- und zumache, um Luft zu bekommen, geht Johannes vorbei, zieht die Mütze und sagt: 'Guten Tag, Herr Cumino', und geht lächelnd weiter, schaut nochmals um und lacht dann, daß es ihn schüttelt, so lachte er, Herr Kaplan!"

„Toll, einfach toll!" sagte Bertinetti.

„Es kommt noch viel toller, passen Sie auf! – Mittags setze ich mich zu Tisch. Sage ich zu meiner Frau: Ich brauche heute einen kräftigen Schluck, es gibt heute noch viel Arbeit. Geh in den Keller und hole einen alten Cinciano, die Flasche zu drei Lire fünfzig, ein feiner Tropfen, Herr Kaplan! – Meine Schwester und mein Schwager, die gerade zu Besuch da waren, saßen auch bei Tisch dabei. Meine Frau bringt die Flasche mit dem rot-blauen Etikett, sie war verkorkt, knallfest verkorkt, oben mit einem Siegellack drauf. Ich entkorke die Flasche und rieche hinein, er duftet, der Cinciano, daß mir das Wasser im Mund zusammenläuft! Wie die Suppe vorbei ist, bringt die Frau die Weingläser und stellt sie auf den Tisch. Wir haben geplaudert und gelacht, und ich will die Stimmung heben und sag' zu Johannes: 'Mußt einmal zaubern, daß die Leute was sehen!' Er sagt gar nichts und lächelt verschmitzt. Dann nehm ich die Flasche. 'Ein Tropfen fürs Herz und fürs Gemüt, Herr Schwager!' so sage ich und schenke ein. Aber da kommt mir der Wein so blaß vor! Ich verkoste und spucke das Zeug hinters Ofenrohr: Salzwasser, pures Salzwasser! – Verhext! Der ganze teuere Cinciano verhext, zu drei Lire fünfzig! Ich schmeiße die Flasche in die Ecke, da langt der Bosco hinein und holt sie wieder heraus. 'Ihr könnt nicht richtig einschenken, Herr Cumino' sagt er und schenkt ein. Und es läuft ein Cinciano in die Gläser, daß einem die Augen übergehen vor Duft und Süßigkeit!" – Der Kaplan war aufgestanden. „Unglaublich, unglaublich", murmelte er. Johannes Bosco ein Besessener? – Er ging an ein Bücherregal und fingerte ein dunkel gebundenes Buch heraus, blätterte darin und merkte eine Stelle mit einem Heiligenbildchen ein. „Ich habe den Exorzismus hergerichtet, die Teufelsaustreibung", sagte er. Er war blaß geworden wie ein Kalktopf. „Sie müssen erst noch mehr berichten, Herr Cumino!" „Ja, das muß ich auch", sagte Cumino, nahm seine Dose und schnupfte eine kräftige Prise. „Aber wissen Sie, Herr Kaplan, das ist nun gar nicht so leicht; denn mit jedem Tag geschehen neue und gräßlichere Dinge, und ich bin der Meinung, daß ich schon aus Gewissensgründen nicht schweigen darf. Ein Mensch kann ja solche Dinge nicht zuwege bringen. Oder können Sie vielleicht einen Schlüssel, den ich da am Riemen bei den anderen Schlüsseln trage, verschwinden lassen, und am Mittag ist er in der Nudelsuppe drin, wenn Sie die Suppe herauslöffeln?! – Sehen Sie, Sie können's nicht, und ich kann es auch nicht, und der Heilige Vater in Rom auch nicht, weil eben der Herrgott keine Zeit hat für meinen Hausschlüssel. Wenn es aber ein Mensch nicht kann und der Herrgott nicht tut – ja, wer bleibt denn dann übrig? Der Leibhaftige!"

„Es sieht bald so aus", sagte Bertinetti.

„Es sieht nicht bloß so aus, Herr Kaplan, es ist schon so! – Drei Tage vor Weihnachten zum Beispiel, da trieb er's ganz wild: Wir hatten damals viele Gäste bei uns, lauter piekfeine Leute, die alle bei uns in Miete wohnen. Meine Frau kochte besonders schmackhaft, weil ich Namenstag hatte. Ein Huhn, extra zart und in Sülze – ich weiß nicht, Herr Kaplan, ob Sie das auch so essen –, bei uns ißt man Huhn in Sülze lieber als gebacken oder gesotten. – Ich mach' den Topf schon draußen in der Speise auf und zupf' so ein überflüssiges Eckchen weg. 'Isabella', sage ich zu meiner Frau – meine Frau heißt nämlich Isabella –, 'das hast du wieder toll hingekriegt!' Die Frau nimmt mir die Schüssel weg und rennt damit in die Küche, ich immer hinterher, aber sie will noch mit Petersilie garnieren. Da kommen auch schon die Gäste, und meine Frau trägt auf. Ich will den Gästen gleich zeigen, daß es ein Huhn in Sülze gibt, und nehme den Deckel von der Schüssel. Aber da ist kein Huhn in Sülze mehr drin, Herr Kaplan, sondern ein lebendiger Hahn! Jawohl, ein Gockel, flattert mit den Flügeln, streckt sich und schreit Kikeriki, flattert noch einmal, daß die Servietten davonfliegen, hopst in

die Puddingsoße, von da auf das Damastkleid der Frau Kommerzienrat, dann in die Leberspatzensuppe und von dort über Fräulein Elyana hinweg auf den großen Zeiger der Wanduhr. Der steht auf Viertel nach zwölf und fährt mit dem Gockel auf halb eins herunter. Von da fliegt das Federvieh aufs Büfett, der Herr Kommerzienrat steigt auf einen Sessel, von dort auf den Tisch – da tritt er in die Puddingsoße, die läuft über Fräulein Elyanas hellgrünes Gesellschaftskleid – er riskiert einen Sprung zum Büfett – es klirrt, und die Glasscheibe ist hin, der Gockel aber rauscht aufs Bücherregal. Der Herr Kommerzienrat blutet, das Blut tropft auf den guten graublauen Teppich – meine Frau Isabella beginnt zu jammern –, da unternimmt Onkel Isidor, der auch da war, die Verfolgung des Biests, klettert aufs Bücherregal, vom Konversationslexikon zu den Klassikern, über Schiller und Goethe zu Dantes Göttlicher Komödie und noch höher – da kippt das Regal, wir schreien auf, Onkel Isidor wagt einen Absprung und rutscht, fällt auf den Eiskübel für den Wein, das Wasser läuft über Schiller und Goethe, und der Onkel lacht, der Herr Kommerzienrat wischt Blut, die anderen ihre Kleider, der Hahn kräht, und ich fische meine Bücher aus dem Salat. Johannes holt aus der Küche einen Putzlappen und beginnt die Bescherung aufzuwischen. 'Laß das nur mich machen', sagt meine Frau, 'schau du lieber, daß du den verhexten Gockel erwischst!' - 'Welchen Gockel?' fragt Johannes. Da schauen wir auf, schauen dahin und dorthin, sehen einander an und beginnen nach Luft zu japsen. Er ist fort, der Gockel, spurlos verhext! Dem Herrn Rat tropft der Zwicker von der Nase, so platt ist er. Er setzt sich an den Tisch, schleckt sich das Blut von der Hand und richtet die Krawatte zurecht. Und dann fällt ihm der Unterkiefer vor Staunen und Angst herunter und bleibt hängen, und uns geht's nicht anders. Da steht die Schüssel mit dem Huhn in Sülze auf dem Tisch, sauber mit Petersilie garniert, es ist alles wieder ganz normal – nur das Glas am Büfettschrank ist hin. Am anderen Morgen aber ist das auch wieder ganz, und wir fragen uns, ob wir alles geträumt haben oder nicht. Aber wir haben nicht geträumt; denn Schiller und Goethe sind immer noch ganz runzlig von dem unfreiwilligen Bad.“

Thomas Cumino nahm eine neue Prise.

Kaplan Bertinetti war aufgestanden. „Ich mache Ihnen einen Vorschlag, Herr Cumino“, sagte er. „Wir gehen jetzt zum Domherren Burzio und tragen ihm den Fall vor. Ich glaube, er wird uns beraten können; denn der Sachverhalt scheint mir ernster zu sein, als ich anfangs wahrhaben wollte."

*

Der Domherr Burzio war heute sehr nervös. Er hatte sich beim Rasieren dreimal geschnitten, er hatte die Blumenvase vom Stehpult gestoßen, als er ein Buch entnehmen wollte, und er hatte die Sonntagspredigt in den Ofen geworfen und ein leeres Blatt Papier in die Predigtmappe gesteckt. Für diesen Nachmittag drei Uhr war nämlich der Hexenjunge Bosco bestellt, und dem Domherrn bangte ein wenig vor dem Verhör. Nicht, daß er Angst gehabt hätte – gewiß nicht! Aber wie sollte er dem Rätsel um Johannes Bosco auf die Spur kommen?

Es war fünf Minuten vor drei. Alle zehn Sekunden sah der würdige Herr auf die Uhr, die er vor sich hingelegt hatte. Die Worte des Breviers, die er betend las, verschwammen vor seinen Augen. Da! – Es läutete! Der Domherr sprang auf, nahm die Uhr und eilte auf den Flur. Es war aber nur einer der vielen Armen, die um ein Almosen bettelten. Als der arme Mann seine Gaben erhalten hatte und sich zum Gehen wandte, stieß er unter der Türe mit einem Jungen zusammen. „Grüß Gott", sagte der Junge, „bitte, wohnt hier der Domherr Burzio?" – „Ja", sagte der Bettler, „das da ist er selber." – „Grüß Gott, Hochwürden", sagte der Junge, „Sie haben mich rufen lassen, ich heiße Johannes Bosco."
Ein paar ernste, forschende Augen durchbohrten den Jungen. Er hielt dem Blick stand. „Warte hier einen Augenblick", sagte der Geistliche und ging in ein Zimmer. Das also war er, der Gedankenleser, der Hexenmeister, der Teufelsbub, dachte der Domherr. Er hatte sich

wahrhaftig ein anderes Gesicht erwartet. Dann rief er ihn herein. – „Setz dich“, sagte er. - „Danke“, sagte Johannes und setzte sich. Ein feines Lächeln huschte dabei über sein Gesicht. – „Weshalb lachst du?“ fragte der Priester. – „Hochwürden, ich muß lachen, weil Sie das Verhör so feierlich machen“, war die Antwort. Aha. Er wußte also bereits alles. Er konnte also Gedanken lesen. Es war besser, man ging gleich aufs Ganze.

„Mein lieber Johannes, du bist zwar ein tüchtiger Student und hast einen klugen Kopf, aber da sind mir so allerhand Gerüchte bekannt geworden, die mir Sorgen machen...“

„Ja“, sagte Johannes, „mein Hausherr Cumino war mit Kaplan Bertinetti vorgestern bei Ihnen und hat Ihnen die Sache mit dem Gockel erzählt.“

Barmherziger Himmel, dachte der Domherr. Der Kragen wurde ihm zu eng, und er begann zu schwitzen.

„Möchtest du mir erzählen, wieso du dich dem Teufel verschrieben hast?“ – „Ja“, stöhnte Johannes, „das ist schrecklich schwer zu gestehen“, zog dann rasch sein Taschentuch heraus und schneuzte sich. Dabei drehte er den Kopf weit zur Seite und verbarg sein Lachen in das Taschentuch.

„Nun, willst du's gestehen?“

Johannes sah auf. Nur einen Augenblick lang huschte noch das schalkhafte Lächeln über sein Gesicht und zuckte über seine Mundwinkel wie krampfhaft verhaltenes Lachen, dann schien der Junge mit ernster Miene nachzudenken – aber die Augen, diese sprühenden, fröhlichen Augen lachten in einem fort weiter, und unverkennbar blitzte Übermut heraus. „Hochwürden, ich habe eine Bitte“, sagte Johannes.

„Sprich sie aus“, sagte der Domherr.

„Geben Sie mir zu meiner Antwort fünf Minuten Bedenkzeit“, bat der Junge. Wieder zuckte es verräterisch

um seine Mundwinkel. Der Geistliche gewährte den Wunsch. – „Möchten Sie mir bitte sagen, wann die fünf Minuten vorüber sind", fügte Johannes hinzu. – „Ist gut", erwiderte der Domherr und langte nach seiner Uhr. Na, wo war denn die Uhr! – Donnerwetter, die Uhr! – Er hatte sie doch hier in der Westentasche! – Ganz bestimmt! – Zum Kuckuck! – Die goldene Uhr! – Die alte, teure Uhr vom seligen Großonkel! Er sprang hoch, riß die Soutane auf: die Uhr war weg! Spurlos dahin! Sein Herz schlug wie wild gegen den Kopf, es konnte doch nicht sein! Wahrhaftig, das ging doch nicht mit rechten Dingen zu, hier aus der Westentasche, unter dem Gewand weg war seine Uhr verschwunden!
„Wenn Sie gerade keine Uhr haben, so geben Sie mir ein kleines Geldstück!" sagte Johannes. Seine Stimme gluckste vor verhaltenem Lachen.
Was? – Ein Geldstück? – Wollte der Teufelsjunge die fünf Minuten etwa gar mit einem Geldstück berechnen? – Was unterdrückte er denn das Lachen so? Dem würde das Lachen noch vergehen, dem... Domherr Burzio langte in die Tasche nach seinem Geldbeutel.
Rechte Tasche leer! Linke Tasche leer! Obere Tasche leer, untere leer, leer! Alles leer! Der Geldbeutel auch schon beim Teufel! „Hexenbengel!" schrie er und sprang auf, „jetzt genügt's mir! Was brauch' ich noch eine Antwort!" – Der Schweiß trat ihm auf die Stirne.
„Hochwürden", sagte Johannes...
„Ruhig! Ich will nichts mehr hören! Was ich wissen mußte, das weiß ich! Daß du ein ganz verkommener Bursche bist, daß du Hexerei, dunkelste Hexerei betreibst und die Menschen damit bestiehlst! Eine Tracht Prügel hättest du verdient und sonst gar nichts! – Und da lachst du auch noch! Was gibt es denn da noch zu lachen?"
Johannes sah ihn unter Lachen an, seine rechte Hand spielte wie gedankenlos mit der Stehlampe. Und wäh-

rend er versuchte, wieder ernst zu schauen, sagte er plötzlich: „Schauen Sie“, und hob den Schirm der tiefhängenden Lampe nach oben...

Unter dem Lampenschirm lagen Geldbörse und Uhr friedlich nebeneinander. – Der Domherr starrte die Gegenstände an, griff danach, untersuchte die Uhr, sah die Börse. Es war alles unversehrt, es fehlte nichts, die Zauberei war eine vollendete Meisterleistung.

„Red schon“, sagte er tonlos zu dem Jungen. Und Johannes begann mit ruhigen Worten zu erklären, daß alle Taschenspielerei in der raschen Erfassung des rechten Augenblicks und in ein bißchen Fingerfertigkeit beruhe. Daß der Domherr einem Bettler an der Türe ein Almosen gegeben habe und beim Eintritt und Anblick des Hexenjungen vor Aufregung die Börse – statt sie einzustecken – auf das Tischchen neben der Eingangstüre gelegt habe. Daß die kurze Wartezeit dort an der Türe der rechte Augenblick gewesen sei... Daß dort auch die Uhr lag, als er hereinging, die der Herr Domkurat in der Hand gehalten haben mußte, als er dem Armen das Geld gab und sie dabei wohl auf den Tisch gelegt hatte!

Das alles erzählte der Junge. Und mit jedem Satz hellten sich die Züge des Domherrn auf, immer mehr, bis ihn so ein befreiendes Lachen schüttelte, daß draußen in der Küche seine Schwester ein großes Kreuz über sich schlug, weil sie vermutete, nun sei der Hochwürdige Bruder auch schon verhext, hatte sie ihn doch lange nicht mehr so lachen gehört. Herinnen aber saßen die beiden, der gute alte Domherr Burzio und der junge Meßbub von St. Lukas zusammen bei ein paar rotbackigen Äpfeln, und alle paar Minuten war irgend etwas verschwunden, und dann war's wieder da, und immer flüsterte Johannes dem Priester den Trick ins Ohr. Jedesmal scholl das Dröhnen der tiefen Baßstimme durch das ganze Haus. „Ich hatte ja auch gewußt“, erzählte Johan-

nes dazwischen hinein, „weshalb ich zu Ihnen gerufen wurde; denn der Mesner von St. Lukas, der mich benachrichtigen mußte, hatte nicht ganz dichtgehalten, und das andere reimte ich mir dann selber zusammen. Und dann hatte ich gleich Ihre Unsicherheit bemerkt, als ich eintrat, und nützte sie aus. Denn der Streich mit Uhr und Geldbörse ist mir nur deshalb gelungen, weil Sie von vornherein daran glaubten."

Als der Junge, mit Geld und Äpfeln beschenkt, das Haus verließ, sagte der Domherr noch unter der Türe, gleich neben dem Tischchen zu ihm: „Bub, bleib so, wie du bist. Und zaubere weiter und laß die Menschen lachen und staunen und dann wieder lachen! Und leg manchmal auch so einen geistlichen Herrn wie mich rein. Denn das habe ich nun gelernt, daß die Dummheit die Wurzel aller Hexerei ist. Ich danke dir, Bub. Ich glaube, ich habe schon seit vielen Jahren nimmer so gelacht wie heute, ich danke dir's recht. Gott behüte dich!"

„Zwischen meinen Studien

und vielen Beschäftigungen wie Musik, Gesang, Theaterspiel und Gruppenstunden“, steht im Tagebuch Don Boscos, „trainierte ich noch eine Reihe von Spielen... Ballspiel, Sprung und Laufen hatte ich besonders gerne und war, wenn nicht hervorragend, so doch sicher über dem Mittelmaß. Einiges hatte ich schon daheim gelernt, anderes in Chieri, und der kleine Schüler von den Wiesen Chieris war nun beinahe ein Meister geworden. Damit erregte ich oftmals Staunen; denn zu jener Zeit waren diese Spiele wenig bekannt und schienen aus einer anderen Welt zu stammen. Da ich ein gutes Gedächtnis besaß, konnte ich große Teile der guten Dichtung auswendig... Es war mir deshalb leicht, aus dem Stegreif einen Abend zu halten... Dabei sang ich, sagte Verse oder erzählte...“

Einer der Jungen, der zur damaligen Zeit zu den Freunden des jungen Bosco gehörte, schrieb später als Erwachsener:
„In der schönen Jahreszeit kamen abends zwanzig und mehr Kameraden an einer Brücke außerhalb der Stadt zusammen. Dort warteten sie auf Johannes. Die einen lehnten sich ans Geländer, andere saßen drauf. Wenn dann Bosco kam, waren alle voller Freude. Immer wußte er etwas Interessantes. Er erzählte die verschiedenartigsten Geschichten, hatte ein paar gute Winke fürs Leben, und die Zeit verging wie im Flug. Die Eltern wußten bald keine härtere Strafe mehr für ihre Jungen, als ihnen einen Abend an der Brücke zu untersagen.“
Wenn man Johannes fragte, was er werden wolle, konnte er keine klare Antwort geben. Vom Priestertum hatte er eine zu hohe Meinung, als daß er sich so einfach für tauglich gehalten hätte. Wenn Priester, dann ganz.

Das stand fest. Und vor allem: Jugendseelsorger. Doch das war noch ein weiter Weg, der durch viele Schwierigkeiten und über viele Hindernisse führte. Dazu brauchte er noch die rechte Einsicht, um die er oft betete. Es gibt viele Menschen, die meinen, wer betet, sei ein süßlicher Frömmler. Solche dummen Ansichten stehen sogar manches Mal in der Zeitung. Damals, in Chieri, bekamen die Leute eine andere Ansicht: das war in den Tagen, als der rote Fakir auftrat ...

Der rote Fakir

„Was sie nur heute wieder Närrisches haben", brummte der junge Domglöckner Dominikus, den das Gelärme auf der Straße nun schon zum drittenmal beim Zusammenzählen der Armensammlung vom letzten Sonntag gestört hatte. Er hob sich aus seinem Sessel, nahm die Krücke und stelzte ans Fenster, von dem er den Vorhang ein Eckchen breit zurückzog, um besser sehen zu können.

„Jaja, die können leicht lärmen und laufen", sagte er halblaut und dachte an den Tag, da ihn ein durchgehendes Pferd unter den Wagen gebracht hatte.

Auf dem Domplatz wogte ein buntes Gemenge: Gassenbuben, Laufjungen, Lehrlinge aus der Baumwollfabrik, Schüler vom nahen Gymnasium, alle aufgeregt durcheinanderschreiend, Erwachsene, die neugierig schauten oder lachten, ein wirres Gedränge und Gelärme, und dazwischen ein Mann mit einer grellroten phantastischen Bekleidung, um den sich der ganze Tanz zu drehen schien. „In zweieinhalb Minuten hat er's geschafft!" – hörte der Glöckner einen Jungen schreien. Dominikus öffnete das Fenster und beugte sich über die Geranienstöcke.

„Was hat er in zweieinhalb Minuten geschafft, Antonio?" rief er dem Jungen zu.

Der blieb stehen, schaute verdutzt nach rechts und nach links, bis ihm der Gedanke kam, auch einmal nach oben zu gucken. Da erkannte er den jungen Herrn Glöckner.

„Grüß Gott, Herr Pogliano!“ rief er hinauf. „Die Hauptstraße vom Bahnhof bis zum Stadtende ist er heute in zweieinhalb Minuten gelaufen. Das ist ein Rekord – beinahe Schnellzuggeschwindigkeit...“

Weiter kam der Junge nicht; denn der Mensch in der roten Kleidung hatte sich mittlerweile auf eine Bank gestellt und fing eben zu rufen an:

„Meine Damen und Herren! Jugend von Chieri! Seit einer Woche sehen Sie meine Vorführungen, von denen die ganze Stadt spricht, mit eigenen Augen. Morgen vormittag gebe ich die Schlußvorstellung, die Galaschau, meine neueste Attraktion, die alles bisher Gesehene überbietet...“

Er mußte abbrechen, denn der Platz wurde vom Jubel und Beifall erfüllt, den vor allem die Kinder und Jugendlichen kaum mehr enden lassen wollten.

Unter dem schattigen Säulengang, der den Hof des neuen Gymnasiums von Chieri umschloß, stand eine Gruppe von Jungen. Ihre aufgeregte, laute Unterhaltung schwirrte über den heißen Schulhof, und die Zwischenrufe Vorlauter flatterten bis hinauf in das kleine Schulzimmer, in dem ein Schüler der Oberklasse eben einem Kleinen aus dem sechsten Schuljahr über die Hindernisse von Cäsars Gallischem Krieg hinweghalf.
Der Kleine war fahrig; er rutschte auf der Bank hin und her, äugte zum Fenster hinüber und sagte immerfort „ja“, als begreife er heute alles sehr rasch.
„Hast du's also jetzt verstanden?“ fragte der Große; er hatte wohl bemerkt, daß der Bub den Kopf heute anderswo hatte.
„Ja“, erwiderte der Kleine und rutschte.
„Fein, dann übersetze jetzt noch einmal den Abschnitt, dann kannst du ihn morgen so gut, daß du gelobt wirst.“
„Ganz von vorne?“ Der Nachhilfeschüler machte ein Gesicht, als müsse er ein Adreßbuch übersetzen.
„Was ist denn bloß heute mir dir los?“ forschte der Große und lächelte dem kleinen Faulpelz ermutigend zu, die Wahrheit zu sagen.
„Wo er doch heute nachmittag in der Alleestraße am Turiner Tor läuft“, sagte der Bub und heulte schon beinahe.
„Soso“, meinte sein Lehrer, „in der Alleestraße! – Und wer läuft da?“
„Was? – Das weißt du noch gar nicht?“
„Nein - wer denn?“
„Der rote Fakir ist in Chieri! Eine volle Woche schon! Jeden Tag stellt er neue Rekorde auf! Am vergangenen Sonntag machte er Weitsprung. Von da bis dorthin zur Wand mindestens!“
Das Lächeln aus dem Gesicht des Neunzehnjährigen, das eben noch ein jungenhaftes Verstehen für die Un-

ruhe des kleinen Quecksilbers gespielt hatte, wich plötzlich einem fast männlichen Ernst.

„Am Sonntag“, wiederholte er, „deshalb also…“

„Ja – so weit ist er gesprungen“, sprudelte der Kleine und lief ganz rot an vor Eifer und Begeisterung. „Und morgen früh um neun will er die Glanznummer geben: Jonglieren!“

Auf der hohen, klaren Stirne des Älteren standen plötzlich zwei dünne, senkrechte Falten. Mit einem Ruck schloß er das Buch.

„Du kannst für heute gehen. Behüt' dich Gott!“ Er gab dem Buben die Hand, dann drehte er sich rasch herum, war mit zwei Schritten am Fenster und beugte sich hinaus. – Unten standen die Jungen und redeten noch lauter aufeinander ein als zuvor. Einer sah zufällig zum Fenster hinauf und sah den Kameraden.

„Johannes!“ schrie er und deutete hinauf.

Die Köpfe aller folgten dem Finger.

„Johannes!“ schrien sie, „komm rasch! Es eilt!“

Johannes rannte die Treppe hinunter. Mit ein paar langen Sätzen war er im Säulengang, wo ihn die Schar umringte.

„Weißt du schon, daß…“ Johannes nickte.

„Was habt ihr gehört?“ fragte er und mäßigte die Aufgeregten.

„Er ist ein ganz wüster Bursche“, erklärten sie ihm.

„Dabei ununterbrochen diese gehässigen Witze über Kirche, Geistliche und Gläubige.“

„Gestern hat er eine Bemerkung gemacht – ich mag sie hier gar nicht wiederholen. Das war eine gemeine Anspielung! Eine Schande, daß so viele bei diesen Unverschämtheiten mitlachen!“

Johannes hörte ruhig zu. Seine großen, klaren Augen trübten sich. Sein immer helles, sonniges Gesicht bekam einen fast harten Zug.

„Und morgen hat er eine Galavorstellung angesetzt!" berichtete einer der Jungen, „ausgerechnet morgen, am Sonntagvormittag, zur Zeit des Gottesdienstes."
„Und – ihr habt nichts dagegen gesagt?" – Johannes blickte sich fragend im kleinen Kreis seiner Getreuen um.
„Natürlich haben wir! Comollo sagte ihm öffentlich, daß wir es uns verbitten, am Sonntag früh Schaustellungen zu geben und damit die Leute und vor allem die Jugend aus dem Gottesdienst zu locken!"
„Und...?"
„Recht schmutzig gelacht hat er! Und ein paar derbe Witze über jene gemacht, die noch zur Kirche gehen! – 'Die Kirche gehört den Alten und Blöden!' schrie er, die können ruhig darin versauern und sich dumm machen lassen!"
Ein paar Atemzüge lang stand Johannes und überlegte; dann sah er der Reihe nach jeden einzelnen seiner Gruppe an. Sein Blick blieb bei einem Jungen hängen, der sich bisher ziemlich ruhig verhalten hatte.
„Warst du unten, als der Rote seine ungezogenen Reden hielt?" fragte er den Jungen.
„Ja", antwortete der. „Ich habe alles selber gehört; es ist wirklich so."
„Gut", meinte Johannes, „dann redest du nochmals mit ihm. Ich möchte es nicht selber tun, weil ich nicht unten war und so auch nicht klar genug angreifen kann. Merke dir jedes Wort genau, das er sagt. Und fasse ihn nur dort, wo du dich noch genau an seine Sätze erinnerst. Sag ihm, daß wir zweihundert Jungen sind, hier im Kolleg. Und daß wir das Recht haben, in unserer Stadt den Gottesdienst vor ihm zu schützen. Er kann zu jeder anderen Zeit auftreten – morgen vormittag jedenfalls nicht."
Die beiden gaben sich die Hand. „Viel Glück!" sagte Johannes. „Und" – er zog ihn nochmals am Ärmel zurück –

„wenn er dich beleidigt, nicht hitzig werden; deshalb habe ich dich genommen; mit einer Gegenbeleidigung ist unserer Sache kein Dienst erwiesen." – Der Beauftragte ging. Die Schar folgte im Abstand mit Johannes. Als sie zum Turiner Tor kamen, sahen sie schon von weitem die rote, nach englischem Schnitt gefertigte Hose und die rotgetupfte Bluse des Fakirs. Er stand auf einem Pfeiler, verzog das Gesicht zu häßlichen Grimassen und hielt, schon etwas heiser geworden, eine neue Rede.
„Was ist euch lieber", schrie er, „frische Luft oder Weihrauchduft?" Und er rümpfte die Nase hoch und lachte breit und derb. Manche lachten. Viele schauten zu. Einige gingen.
„Kommt also alle zur Vorstellung um..."
Er wurde unterbrochen. Ein Junge stand da und winkte ihm.
„Was ist los?" schrie der Fakir und schaute mißtrauisch auf den hochgewachsenen Schüler.
„Ich möchte Sie ersuchen, die Vorstellung morgen zu einer anderen Zeit zu halten und nicht am Vormittag."
„Aha!" lachte der Fakir, „daher weht der Wind! Auch so ein Weihwasserapostel, was?"
„Wir sind hier 200 Jungen im Kolleg und haben das Recht –"
„Was habt ihr, ihr Angeber! Erst mal was leisten wie ich, bevor ihr einem Rekordmann was vorschreiben wollt, ja!?"
„Wir sind auch keine schlechten Sportler", sagte der Junge und wich dem Blick des Schreiers keine Sekunde lang aus. „Aber es gibt andere Zeit genug zum Sport."
„Geh du in deine muffige Kirche mit deinen 200 krummen Freundchen!"
„Ohoo!" riefen die Jungen, die um Johannes standen.
„Nur keine Beleidigung!" ließen sich jetzt auch einige Primaner vom Kolleg unter den Zuschauern hören.

„Zurücknehmen!" rief einer, „die krummen Freundchen zurücknehmen!"
„Da schau einer an!" schrie der Fakir. „Sonst habt ihr keine Wünsche? Im Knien habt ihr vielleicht den Rekord, aber im Sport seid ihr Nieten, verstanden! Nie-ieten! Oder wollt ihr mir das Gegenteil beweisen? Ist da vielleicht einer unter den 200 sogenannten Sportlern, der sich mit mir messen will? Ich fordere die ganze Jugend von Chieri zum Zweikampf heraus. 200-Meter-Lauf – wer nimmt an? Wer wagt es, mit mir auf dieser Alleestraße hier um die Wette zu laufen?" Der Schreier hielt einen Augenblick inne. „Na - wagt es keiner? Im Angeben wohl besser als im Sport, was?!"
Die Blicke der Jungen gingen zu Johannes hin.
„Johannes, wenn einer, dann du", flüsterten sie ihm zu. Die Jungen der anderen Klassen bemerkten nun auch den Schüler Bosco und gaben ihm Zeichen mit den Augen. Einer stieß ihn an. „Wir können uns doch nicht einfach davontrollen und dem Burschen alles durchgehen lassen!"
Johannes schüttelte den Kopf. „Es macht zuviel Aufsehen", sagte er.
„Aber es geht um unsere Ehre!" warfen die Kameraden ein.
„Und um eine gute Sache!" ergänzten andere.
„Tu es wenigstens uns zuliebe!" bettelten sie.
„Und wenn ich verliere?" sagte Johannes und schaute seine Freunde mit gerunzelter Stirne an.
„Dann wärs's auch nicht schlimm; jedenfalls könnte er uns nicht für Duckmäuser und für Feiglinge halten."
„Und im Laufen kannst du es schon wagen!"
„Sag ja, bitte!"
„Meint ihr?" Er sah sie merkwürdig unsicher an.
„Klar! Du machst es also?"
„Ja", sagte Bosco.

„Prima!“ schrien die Jungen. Sie waren Feuer und Flamme.
„Machst du es im Wettlaufen?“
Johannes betrachtete noch einmal den Roten.
„Es ist eigentlich gleichgültig, in welcher Sparte“, gab er dann lächelnd zur Antwort. – Die Kameraden waren nicht mehr zu halten. Sie drängten sich durch die Leute vor zum Fakir, um ihm mit lauten Zurufen und mit stolzen Gesichtern zu eröffnen, daß der Wettkampf angenommen sei.
Augenblicklich schwenkte die allgemeine Stimmung auf die Seite der Jungen um. Die Leute klatschten Beifall, die Jugend schrie sich heiser vor Begeisterung, der Fakir wurde immer gehässiger in seinem Spott, und die Jungen der Stadt rannten, den Wettkampf ausrufend, durch die Straßen, ins Kolleg, in die Baumwollfabrik – es war einfach toll.

*

Eine Stunde später standen die Zuschauer Kopf an Kopf an den beiden Seiten der Alleestraße, die vom Stadttor nach Turin führt. Die Wettstrecke wurde abgemessen und markiert, Schiedsrichter wurden bestimmt, die Aufregung wurde immer größer. „Einsatz 20 Lire!“ rief der Herausforderer und holte die Geldscheine aus der Bluse. Der Schiedsrichter nahm sie in Empfang.
Johannes machte plötzlich ein langes Gesicht.
„Kinder – soviel habe ich doch gar nicht“, sagte er zu den Freunden.
Aber die hatten sich das schon gedacht und griffen bereits in die Hosentaschen; mit vereinten Kräften kam das Geld zusammen. Der Schiedsrichter kassierte es.
„Alles fertig?“ fragte er.

„Nein – noch nicht!" Der Fakir mußte erst die rote Bluse ablegen. Er hatte ein ärmelloses Trikot darunter an, so daß man den blauen Anker sehen konnte, der auf seinem Arm eintätowiert war.
Johannes blinzelte den Kameraden schelmisch zu. „Es wird schon gutgehen", hieß das. Er grub sich mit dem Absatz ein Startloch und war dann ganz ruhig. Er atmete ein paarmal tief und schaute die Strecke entlang; dann sammelte er alle Kräfte auf den Lauf. Seine sehnige Gestalt war wie gemeißelt.

„Auf die Plätze!" – „Fertig!" – „Los!" Das Taschentuch senkte sich – die beiden jagten aus der Startlinie. Das Geschrei der Zuschauer setzte schlagartig ein. Die Jungen an der Straße brüllten sich stockheiser. „Bosco! Bosco!" hämmerten ihre anfeuernden Sprechchöre. Der Fakir lief mit einem unverkennbaren Training. Seine nicht zu verachtenden Muskelpakete arbeiteten wie ein Motor. Johannes lief federnder, blieb aber um Brustbreite zurück. Nach 50 Metern zog der Rote unheimlich an. Er legte sich weit nach vorne und rannte wie ein Irrer. Johannes hing bereits drei bis vier Schritte zurück. Bei 100 Metern aber arbeitete er unmerklich kräftiger und zog an. „Bos-co! Bos-co!" schrie es von rechts und links.
Die Beine und die angewinkelten Arme wirbelten den höchsten Takt. – Der Abstand verkürzte sich! – Jetzt lagen sie auf gleicher Höhe.
Das Geschrei schwoll zum Getöse an! – Johannes löste sich, gewann Vorsprung, der Abstand wurde größer mit jeder Sekunde – drei Schritte, sechs Schritte – man sah, daß er jetzt erst anfing, sich auszugeben.
Da stoppte der Fakir hinten plötzlich ab, lief aus und gab keuchend auf. Johannes ging allein durchs Ziel.
Die Kameraden erdrückten ihn fast vor Begeisterung!

„Laßt mich erst einmal ausschnaufen“, sagte er abwehrend und strahlte mit ihnen übers ganze Gesicht. Langsam hatte er wieder normal Luft und ging mit den Freunden zurück. Der Schiedsrichter kam ihnen entgegen und drückte Johannes die 40 Lire in die Hand. Als sie beim Start oben waren, klatschte und tobte das Volk.

Der Fakir kam nun auch; er war ziemlich angekratzt. „Pech gehabt“, sagte er und massierte an seiner linken Wade herum. „Ausgerechnet heute muß ich den blöden Krampf bekommen. – Aber wenn du Courage hast, dann könnten wir uns ja noch im Weitsprung messen, hm?!“
„Bitte, wenn Sie Lust haben“, sagte Johannes, „es war zwar nicht vereinbart worden – aber ich gebe Ihnen gerne die Chance.“
„Was, Chance!“ entgegnete der Verlierer, der den Ärger über die erlittene Niederlage kaum mehr verbergen konnte, „ich wette, du wirst als gebadete Maus aus dem Stadtgraben kriechen! Einsatz 40 Lire! Schiedsrichter hierher! Da ist das Geld von mir!“
Johannes mußte mittun. Nun hatte er schon A gesagt, so mußte er wohl auch B sagen. Er gab ebenfalls seine 40 Lire.

*

Gleich beim Turiner Tor fließt der Stadtbach vorbei, von einzelnen Büschen umsäumt und ordentlich tief. Die alte Steinbrücke, die darüberführt, setzt scharf an den Uferrändern an, und ihre steinerne Brüstung geht noch ein wenig an der jenseitigen Uferböschung entlang. Dort stauten sich jetzt die Zuschauer, nachdem es bekannt wurde, daß Johannes sich auf einen weiteren Zweikampf mit dem Gaukler einließ. Die Brücke konnte bald niemand mehr passieren bei dem Andrang von beiden

Seiten her, und die Kinder am Uferrand starrten entsetzt ins Wasser und auf die beiden Helden, die diesen Stadtbach von nicht zu verachtender Breite überspringen wollten. Wer kommt am weitesten? – so hieß die neue Wette. Der Herausforderer mußte zuerst springen. Er trat an die kurze, baumfreie Absprungstelle, hart neben der Brücke, maß mit den Augen die Breite und Tiefe des Stadtbaches ab und spähte nach der Aufsprungstelle, die im Winkel zwischen Brückenmauer und Uferböschung lag; es war ein schlechtes Gelände: nasser, glitschiger Abhang, von niedrigem Buschzeug durchsetzt, und seitwärts gleich die brusthohe Mauer. Bis dahin mußte er kommen.

Dann konnte kein Mensch den Sprung mehr überbieten. Er trat zurück. Die Menge gab den Anlauf spalierartig frei. Dann lief der Fakir, was die Beine hergaben. Jetzt schnellte er sich ab, ein prächtiger Weitsprung, der einem Olympiakämpfer Ehre gemacht hätte, die Füße griffen geländegewinnend voraus – ein paar Handbreit vor der Ecke an der Mauer setzten sie auf –, aber es fehlte die Vorlage, der Körper des Springers sackte nach rückwärts ab, glitt in die Böschung, die Arme ruderten und fanden im Geäst eines Busches Halt. Immerhin: eine großartige Leistung! Die Zuschauer gaben ihrer Anerkennung unverhohlen Ausdruck und klatschten Beifall.

„Das kann er nicht mehr überbieten“, sagte der Domglöckner Dominikus, der die ganze Zeit über schon auf dem Mäuerchen saß, an das er seine Stelze gelehnt hatte. Die Umstehenden gaben ihm recht. „Der Junge ist auch viel zu leicht für diese Weite“, meinten andere.

„Der fällt bestimmt ins Wasser“, jammerte eine Frau.

„Aber Schneid hat er, daß muß man sagen!“ riefen die Burschen.

„Ruhe!“ – Drüben winkte der Schiedsrichter.

„Es springt Johannes Bosco vom Kolleg.“

Johannes lief. Sprang ab, schnellte hoch vor wie von einer Feder gestartet, die Beine stark angezogen, den Oberkörper angewinkelt; handbreit vor der Brüstung sprang er auf, packte die Mauer mit beiden Händen und schwang sich mit einer eleganten Flanke vor die zurückprallenden Leute auf die Brücke!
Es gab Beifall – mehr als im Zirkus!

Der Schiedsrichter brachte die 80 Lire.
„Soviel Geld", sagte Johannes und strahlte seine Freunde an.
Aber da stand schon der Fakir mit giftigen Augen und einer Wut, daß man nicht erst lange zu fragen brauchte, warum er so laut rede.
„Ich hätte es mir ja denken können, daß ich mit diesen leichten Schuhen da keinen Aufsprung habe", sagte er, und zwar so vernehmlich, daß es möglichst viele hören mußten.
„Immerhin", sagte Johannes, „ich glaube, Sie müssen Ihre Beleidigungen dennoch zurücknehmen!"
„Sehr richtig!" riefen die Primaner.

*

„Noch eine Wette", schrie der Fakir und tat so, als habe er seinen Gegner absichtlich gewinnen lassen und zeige jetzt erst seine Sicherheit. „Noch eine Wette, in jeder beliebigen Zirkusnummer! Ich überlasse meinem Rivalen die Wahl. Ich nehme jeden Vorschlag an. Einsatz 80 Lire!"
„Der ist völlig verrückt!" sagten die Jungen zu Johannes.
Der aber hatte bereits zur neuen Wette eingeschlagen.
Der Schiedsrichter verwahrte die 160 Lire.
Johannes suchte sich einen Stecken, gut und gerade gewachsen und nicht zu leicht. – Das Volk fieberte vor Auf-

regung und wartete gespannt auf die Dinge, die da noch passieren sollten.
Oben auf den Stock stülpte Johannes einen Hut.
„Kann's losgehen?“ fragte er.
Alles reckte und streckte sich, um ja nichts zu übersehen.
„Weiter vortreten!“ riefen die Hintenstehenden.

Der Schiedsrichter gab entsprechende Anweisungen – und dann begann die Zirkusnummer:

Auf der Innenseite der rechten Hand balancierte Johannes den Stab, obenauf pendelte der Hut. Von der Hand ließ Bosco den Stock vorgleiten zum kleinen Finger. Nun stellte er die Hand steil. Der Stab stand sekundenlang auf der Spitze des kleinen Fingers, dann zog Johannes den Ringfinger an, dessen Spitze den Stab in Empfang nahm, den Mittelfinger, den Zeigefinger, den Daumen. Die linke Hand hielt er seitwärts, sie war nicht im Spiel bei seiner früh erlernten Kunst.
Vom Daumen aus tanzte der Stab auf die Handwurzel, den Arm entlang zum Ellenbogen und über den Oberarm bis zur Schulter. Seitwärts hochblickend ließ der junge Jongleur den Stab nicht mehr aus den Augen. Sein Oberkörper trug in wiegenden Gleichgewichtskorrekturen alle Bewegungen des Stockes aus. Nun beugte er den Kopf stark zur Seite. Der Stab tänzelte über den angespannten Hals zum Gesicht hin. Das Kinn nahm ihn auf. Den Kopf weit zurückgelegt, dirigierte Johannes den Stock auf seine Lippen. Nun machte er eine schmollende Schnute und hob ihn auf die Nasenspitze – von dort ließ er ihn zur Stirne gleiten. Die Zuschauer waren mäuschenstill geworden, fast trauten sie sich nicht mehr zu atmen. Selbst die Freunde, die schon viele Künste ihres Geschicklichkeitsmeisters zu sehen bekommen hatten, waren wie gebannt.
Und schon trat der Stab den Rückweg an, über alle Hindernisse wieder hinweg bis zur sicheren Innenfläche der Hand.

Ein mächtiger, nicht endenwollender Beifall lohnte ihm allseits das schöne Stück.
„Ein Prachtkerl, der Bosco!“ sagten die Primaner.

„Ich wüßte nicht, welche Vorführung mir mehr zusagen würde als eine so billige Jongliernummer", schrie der Rote in die Zuschauerreihen. „Balance-Vorführungen sind meine Lieblingsnummer!" Und er begann. Mit verblüffender Gewandtheit. Die tägliche Übung in solchen Künsten verlieh ihm eine überzeugende Sicherheit. „Schade um das viele Geld", flüsterte einer zu Johannes hin. „Abwarten", meinte der und lächelte – und wurde rasch ernst; denn eben hatte der rote Fakir angesetzt, den Stab mit den Lippen auf die Nase zu heben – doch der Stab war seitwärts abgeglitten und stand plötzlich reichlich schräg auf der Wange – aber schon hatte der Fakir mit einem mächtigen Ausfallschritt die gefährliche Lage gerettet. Das Gleichgewicht war wieder hergestellt, der Stab tänzelte in kleinen Schwingungen auf die Lippen zurück. Nun hob der Fakir nochmals den Stab mit den Lippen hoch.
In den Reihen der Zuschauer kam ein Kichern auf.
Johannes verbiß das Lachen – aber jetzt begannen es die Kameraden zu merken. Da hatte doch dieser Bosco genau die Stelle gefunden, an welcher der Fakir scheitern mußte: seine lange, etwas hochgebogene Nase! Auf diese Nasenspitze war der Stab unmöglich zu bringen!
Man lachte bereits laut!
Auch der Fakir hatte die peinliche Lage erkannt. Aber es ging um sein Geld, um sein Ansehen, um seinen Ruf!
Er wagte eine Verzweiflungstat.
Mit einer ruckartigen Kopfbewegung stieß er den Stab mit den Lippen hoch, um ihn mit der Nase aufzufangen. Da glitt er ab, schoß waagrecht weg und fiel klappernd zu Boden.

Das Jubeln und Schreien der Jugend, das Lachen und Klatschen der Erwachsenen dauerte minutenlang. Der Fakir war erledigt: sein Geld beinahe zu Ende, sein

Ruhm dahin, sein Auftreten wirkungslos. Er winkte, um etwas sagen zu können – aber das Gelärme nahm nur noch zu.
„Er hat wohl einen Krampf in der Nase gehabt!" rief einer. Und das Gelächter wurde noch größer.
„Vielleicht hatte er diesmal Gegenwind!"
Dem Fakir riß die Geduld.

„Da", schrie er und schüttelte Johannes bei den Schultern, als wollte er ihm die Gelenke aushängen, „wer dort am höchsten mit den Füßen oben ist, auf der Ulme dort, hat gewonnen! Verstanden?"
Ja, Johannes hatte gut verstanden, aber die Zuschauer wollten nicht verstehen, daß dieser unverschämte Kerl nach drei verlorenen Wettkämpfen sich noch getraute, eine neue Forderung zu stellen, und drangen auf den Fakir ein.
Aber Johannes beruhigte sie wieder und nahm den Wettkampf als diesmal aber wirklich letzten an.
„Schiedsrichter, hierher!"
Die Leute wurden wieder etwas stiller, gespannt auf den Ausgang der letzten Attraktion.
„Hier, meine letzten 100 Lire", rief der Fakir und warf dem Schiedsrichter das Geld in den Hut.
Johannes wandte sich seitwärts. „Na, was meint ihr denn?" fragte er seine Kameraden, die zu ihm gehörten.
„Der arme Kerl ist ja ruiniert", meinte einer. Auch aus den Gesichtern der anderen schaute Mitleid.
„Fein, daß ihr so denkt", sagte Johannes. „Aber einen kleinen Denkzettel muß er schon haben, der Prahlhans!"
„Du nimmst also die Baumkletterei an?"
„Gewiß, jetzt muß ich schon ganze Arbeit tun", erwiderte Johannes. „Oder – wollt ihr kein ordentliches Abendessen beim Mauleselwirt?"

Da verstanden ihn die Kameraden: „Los, Johannes! Und nochmals gewinnen!“ – Sie konnten es kaum noch erwarten.

*

Der Fakir kletterte behend wie eine Katze, schwang sich von Ast zu Ast, immer höher, bis dort hinaus, wo der schlanke Gipfelstamm des Baumes bedenklich zu schwanken begann. Jetzt ging alles darum, das Gewicht gut zu verteilen und sich ganz an den Stamm zu pressen. Ein dünner Ast knickte. – Der Fakir schob sich höher. Der Gipfel bog sich merklich. Die Leute unten bekamen es mit der Angst zu tun. Höher zu kommen, war jetzt jedem auch noch so kühnen Kletterer unmöglich. Da zog der Kletterer dort oben die Knie an, bis zur Brust hinauf, drei Sekunden lang – der Wipfel bog sich weit zurück –, doch ehe er mit seiner Last abbrechen konnte, ließ sich der Fakir am Stamm entlang abgleiten, über die dünnen Zweige hinweg, bis er wieder Halt und Sicherung hatte im festen Geäst.
Nun erst wagten die atemlos Schauenden unten Beifall zu spenden.

Die Jungen wußten, daß auch ihr Bosco die Leistung nicht überbieten konnte, ohne eine Sturz zu riskieren.
„Sei vernünftig, Johannes“, baten sie.
„Ich verspreche es euch“, beteuerte Bosco. „Oder meint ihr wirklich, ich sei unvorsichtig?“
„Das nicht“, sagten die Jungen, „aber wir haben Angst um dich.“
Johannes begann aufzusteigen. Er war noch nicht ganz so weit wie der Fakir, da hielt er inne.

„Aha!“ ließ sich dieser nun in der angespannten Stille hören, „jetzt wird es ihm schon zu luftig.“
Johannes hielt in jeder Hand einen Ast, ganz nahe am Stamm. Er prüfte die Festigkeit. Dann gab er den Halt mit den Füßen auf und beugte Kopf und Rumpf weit zurück. Die Ulme bog sich ein wenig. Langsam winkelte der klein aussehende Kletterer hoch oben die Beine an,

zog sie vor dem Körper vorbei und streckte sie hoch nach oben in die letzten Ästchen des Wipfels. Er war mit den Füßen höher gekommen als sein Rivale.
Aber die Menge unten wagte nur flüsternd das schöne Spiel, das mehr den Geist als die Muskeln verriet, zu bewundern. Erst als Johannes sich ausgehängt und festen Tritt gefaßt hatte, machten alle ihrer Freude und Anerkennung Luft, und der Beifall hätte noch lange nicht geendet, wenn nicht Johannes, wieder auf festem Boden stehend, abgewinkt hätte. Er ging auf den Fakir zu, der vor Wut und Beschämung dem Heulen nahe war.

„Nun können Sie nicht mehr wetten, denn Sie haben Ihr letztes Geld verspielt“, sagte Johannes.
Der Angeredete starrte vor sich auf den Boden.
„Aber nun wette ich, daß Sie sich meinem neuen Vorschlag sofort anschließen werden“, fuhr Johannes fort.
Der Rote sah hoch, in seinem mißtrauisch verzerrten Gesicht blitzte eine Sekunde lang Hoffnung auf.
„Hören Sie“, sagte Johannes. „Sie haben meine Freunde und mich heute beleidigt, das wissen Sie.“
„Ich geh' ja schon!“ schrie der Fakir und packte seine Bluse unter den Arm.
„Sie treten also morgen früh nicht auf?“ fragte Johannes ruhig.
„Ach was, auftreten!“ gab der andere zurück. Man merkte ihm an, daß er am liebsten in den Erdboden versunken wäre.
„Gut. Wir nehmen Sie beim Wort. Und nun dürfen Sie auch mich beim Wort nehmen: Wenn Sie meinen Freunden und mir heute noch ein ordentliches Abendessen zahlen, bekommen Sie Ihr Geld wieder zurück. – Ich habe allerdings zwanzig Freunde!“
Der Mann machte Augen wie einer, der den Haupttreffer gezogen hat. „Ist das dein Ernst?“ wimmerte er.

„Todernst!“ sagte Johannes und hielt ihm das Geld hin.
„Du bist ein feiner Kerl“, sagte der Fakir und griff hastig danach.
Und noch einmal klatschten die Zuschauer Beifall.

Als der Rote zwei Stunden später im Gasthof zum Maulesel für einundzwanzig satte Studentchen 45 Lire zu berappen hatte, kam er sich vor wie ein freigebiger König; und 195 Lire verblieben ihm noch im Beutel. Wer aber einmal nach Turin kommt, versäume nicht, im „Maulesel“ ein gutes Glas auf den vierfachen Sieg des jungen Bosco zu trinken. Der Glöckner Dominikus Pogliano aber hatte damals alles Erzählte mitangesehen und später darüber berichtet, als man von Johannes Bosco bereits sagte, er müsse ein Heiliger gewesen sein.

Der Blitz, der in das Fenster schlug,

vor dem gerade der Theologiestudent Johannes Bosco stand, riß ganze Mauersteine los und schleuderte sie gegen ihn. Man fand Johannes bewußtlos, aber noch lebend. Er kam heil davon. Schlimmer war der Nervenzusammenbruch, den er erlitt, als ihm sein verstorbener Freund Comollo nachts erschien. Die beiden hatten nämlich einmal leichtsinnigerweise verabredet, daß derjenige, der zuerst sterben müsse, dem Freund „Nachricht von drüben" geben solle. Die schwere Nervenerkrankung blieb ihm zeitlebens eine Warnung vor solchen neugierigen Experimenten.

Als die Ärzte den Priesterstudenten Bosco schon aufgaben, kam seine gute Mutter zu Besuch und brachte eine Flasche Wein und Bauernbrot. Der große junge Mann, der schon tagelang nicht mehr ordentlich hatte essen können, aß mit einmal heißhungrig das ganze Brot und trank den Wein, schlief zwei Tage und eine Nacht durch und stand gesund wieder auf. Das Erlebnis der nächtlichen Erscheinung hing ihm freilich noch jahrelang nach.

Die letzte Vorbereitung auf die Priesterweihe kam. Der Diakon Bosco schrieb sich neun Punkte als Richtlinien fürs Leben in sein Notizbuch, das uns erhalten ist. Neun ganz praktische, klare und durchführbare Vorsätze.

Am 5. Juni 1841 empfing Johannes Bosco das Sakrament der Priesterweihe. – In Italien sagt man zu jedem Priester „Don", das heißt „Herr". So wurde aus ihm der bekannte Don Bosco.

Der junge Priester kam nach Turin. Dort hatten zuerst die napoleonischen Kriege die Gemüter erregt und die Kämpfe um die Lombardei das Land erfaßt. Sechs Jahre später war von neuem der Krieg ausgebrochen. Turin, die Hauptstadt Piemonts, hatte die Führung in den Eini-

gungskämpfen übernommen. Damals brodelte die Stadt: Schulen wurden Lazarette, Kinder arbeiteten in Fabriken, Seuchen löschten ganze Familien aus. Als die Waffen schwiegen, strömten die Menschen zu Tausenden aus den piemontesischen Sümpfen in die Stadt, von der schwachen Hoffnung getrieben, Arbeit zu finden. Sie fanden aber nur Elend.
In den Straßen trieb sich die Jugend herum. Junge Leute, vom Krieg verroht, anmaßend und frech. Solche, die keine Arbeit finden konnten oder wollten. Und viele, viele, die noch gut waren, aber morgen schon auf die schiefe Bahn gelangen konnten...
Don Bosco schnappte sich den ersten besten Bengel, lehrte ihn das Kreuzzeichen machen sowie ministrieren und gab ihm Beicht- und Erstkommunionunterricht. Bald hatte er zehn solcher Burschen um sich in der Sakristei sitzen. Als es mehr wurden, mietete er eine wacklige Holzhütte, fegte sie aus, schaffte Strohsäcke hinein und schleppte Decken herbei. Dort gab er den Jungen, die kein Zuhause hatten, Suppe und Nachtquartier. Am anderen Morgen waren sie mitsamt den Decken davon. Sogar die Strohsäcke waren gestohlen. Der Eigentümer der Hütte verwies ihm den Platz. Don Bosco zog anderswohin. Schon waren es fast 100 Buben, die sich um ihn scharten, wenigstens an den Sonntagen. Man vertrieb ihn von der Wiese, auf der er mit ihnen spielte. „Je öfter man den Kohl versetzt, desto fetter wird er", sagte Don Bosco und betete um ein Dach für die treue Schar. Und er bekam endlich eines. Er holte seine Mutter zu sich in die Stadt als Hilfe. Er selber band sich die Schürze um und half kochen. Aber die Not der Jugend machte ihn krank: die innere Not. Die Sorge um die jungen Menschen trieb ihn zwei Jahrzehnte hindurch immer wieder durch die Straßen, in die Kaffeehäuser und in die Fabriken, wo er wußte, daß sie sich herumtrieben. Fast jeden

Samstag unternahm er planmäßig solche Streifzüge, von 1843 bis 1864. Er selber aß fast nichts und gab alles seinen Buben. „Für euch würde ich mich sogar erschlagen lassen", gestand er. Sie strahlten ihn an: Viele von ihnen hätten sich auch für Don Bosco erschlagen lassen.
Mit dem erbettelten Geld von guten Leuten baute er sein erstes großes Jugendheim. Später eine Kirche daneben. Neue Heime wurden eröffnet. Lehrwerkstätten, Landwirtschaftsschulen, Gymnasien, Schulen für junge Männer, die keine Vorbildung hatten und noch Priester werden wollten.
Er brauchte tausend Hände. Da gab es keinen anderen Weg als den, der ihm vom Papst geraten wurde: Er gründete einen Orden. Dann war alles nach gleichen Richtlinien in zuverlässigen Händen. Als Vorbild und Beschützer für diesen Orden wählte er seinen Lieblingsheiligen: Franz von Sales. Deshalb heißen jene Männer, die zu seinem Orden gehören, bis zum heutigen Tag: die Salesianer Don Boscos.

Der Arzt hatte Don Bosco untersucht.

„Überarbeitung“, sagte er.
„Ihr sollt Euch mehr schonen“, baten die Bekannten.
„Sie müßten mehr essen“, rieten die Wohlhabenden, wenn sie Spenden für die Heime brachten.
„Die Nacht ist zum Schlafen da, Don Bosco“, sagten seine getreuen Salesianer, wenn sie ihn am Morgen angekleidet neben dem Bett fanden, kniend, wie ihn der Schlaf beim Beten übermannt hatte.
Er wehrte lächelnd ab: „Jetzt ist keine Zeit, sich zu schonen; später einmal, dort oben.“ Er deutete dabei zum Himmel. Dann saß er wieder nächtelang bei der Lampe und schrieb Bücher gegen die Irrlehren seiner Zeit, schrieb Jugendbücher und Theaterstücke, Schulbücher, eine Geschichte Italiens, eine volkstümliche Geschichte der Päpste, Religionsbücher und ein Jugendgebetbuch. Er begründete eine Jugendzeitschrift, eine unterhaltende Bücherreihe und einen Lesezirkel.
Auf Reisen, in Gasthöfen und Pferdekutschen zog er sein Notizbuch heraus und hielt die Gedanken fest, die sich ihm aufdrängten. Nachts schrieb er seine Bücher.
„Man darf nicht rasten“, sagte er: „der Teufel tut’s auch nicht.“ Und tagsüber war er wieder bei den Jugendlichen, bei Behörden, bei Audienzen, in Rom beim Papst, bei Armen, denen er half, und bei Reichen, die er brauchte, um helfen zu können.
Eine lebensgefährliche Lungenentzündung befiel ihn. Don Bosco betete: „Dein Wille geschehe.“ Und der Wille Gottes war, daß er gesund wurde und sich weiter für die Jugend opferte. Jahrelang quälte ihn Schlaflosigkeit; dann betete er nachts den Rosenkranz. – Ein Blutsturz ließ sein Ende befürchten. Man spendete ihm schon die Sterbesakramente; aber tausend Buben, die an ihm hingen, beteten Tag und Nacht abwechselnd für ihn,

und das Wunder der Genesung kam zustande. Als er, in eine Decke gehüllt, wieder ans Fenster treten konnte, schrien und tobten die Bengel minutenlang im Spielhof vor Glück und Freude.
Viermal traf ihn der Blitz. Ein Auge erblindete. Rasende Kopfschmerzen wochenlang. Entzündungen an' der Schulter jahrelang. „Für den Herrgott und die Jugend ist nichts zuviel", sagte er und lächelte wie damals als Hüterbub und Seiltänzer.

„Don Bosco ist wieder so auffallend fröhlich“,

sagten die Seinen und nickten sich verstehend zu; denn sie wußten aus Erfahrung: Dies war ein untrügliches Zeichen dafür, daß er wieder einmal ganz schwere Sorgen hatte. Er bekam zum Beispiel Briefe ohne Unterschrift: Er soll seine Jugendarbeit aufgeben – doch er arbeitete unbeirrt weiter. Ein paar Tage später krachte ein Gewehrschuß – während einer Schulstunde, als Don Bosco gerade Religionsunterricht gab. Die Kugel durchlöcherte den Stoff des Ärmels. „Ein schlechter Schütze“, sagte Don Bosco und fuhr weiter im Pensum.

Er sei ein Narr, höhnte man, als er erklärte, er wolle einen Orden gründen, dessen Laienbrüder in Hemdsärmeln gehen (er meinte damit in Zivil, also ohne Ordenskleid). Man muß ihn unschädlich machen, meinten einige Hitzige und fuhren in einer Kutsche bei ihm vor, um ihn ins Irrenhaus zu bringen. Don Bosco ließ die beiden Herren zuerst einsteigen, knallte den Verschlag zu und schrie zum Kutscher hinauf: „Los, rasch! Ins Irrenhaus!“ Die beiden hatten Mühe zu beweisen, daß sie normal seien! – Die Salesianer-Laienbrüder aber wirken bis heute noch in „Hemdsärmeln“!

Nun versuchte man neue Methoden, Don Bosco zu beseitigen: Man bezahlte dunkle Elemente, die ihn umbringen sollten: In einem düsteren Hinterhaus sollte er angeblich zu einem Sterbenden kommen, wurde aber von wüsten Kerlen mit Knüppeln überfallen. Er hielt sich blitzschnell einen Stuhl über den Kopf und entkam mit einem zerschlagenen Daumen.

Beim nächtlichen Heimgang vom Almosenbetteln wollte ihn ein Unbekannter erdolchen. Aber der Mörder irrte sich in der Person und gab den Stich einem Begleiter

Don Boscos. Mehrmals rettete ihn ein geheimnisvoller grauer Hund, der eine Zeitlang in gefährlichen Augenblicken auftauchte, vor Mordanschlägen.
In seinem eigenen Zimmer versuchten bezahlte Schurken ein Pistolenattentat auf Don Bosco. Aber er blieb beherrscht und kaltblütig, so daß es mißlang.

*

Regierungsstellen, Stadtverwaltungen, Zeitungen und sogar kirchliche Behörden, die seine neue Art der Jugendführung und Jugendseelsorge nicht verstehen konnten, machten ihm endlose Schwierigkeiten. Er gab nicht auf.
Dann wieder ging das Geld aus, oft mitten im Bau eines Heimes oder einer Kirche. „Don Bosco braucht Helfer", schrieb er auf hunderttausend Flugzettel und bettelte halb Europa ab. So schlossen sich tausende Freunde und Helfer zusammen als „Salesianische Mitarbeiter" in aller Welt.
Er half mit, zusammen mit Maria Mazzarello einen Schwesternorden zu gründen. Bald begannen die Don Bosco Schwestern überall Heime für Mädchen zu errichten. Gegen Ende seines Lebens gingen jährlich an die 20 000 Jugendliche durch seine Heime, Lehrwerkstätten und Schulen, die in Europa und Übersee, in Missionsgebieten und fernen Erdteilen gegründet worden waren.

„Es hätte noch viel mehr geschehen sollen",

sagte Don Bosco auf dem Sterbebett; „das werden jetzt eben meine Getreuen tun müssen."
Sie taten es, auch nach der bitteren Morgenstunde des 31. Januar 1888, da ihr geliebter Vater für immer die Augen schloß. Don Bosco war tot; aber er lebte in seinen Getreuen weiter.
Sie gründeten Heime in allen Teilen der Welt. Heute wohnt fast eine Viertelmillion Jugendlicher in solchen Häusern, und die vielen tausend Jungen und Mädchen der Tagesheime müßte man noch eigens zählen.
Um die Zeit des Ersten Weltkriegs wurde auch bei uns in Deutschland Don Boscos Name bekannter. Deutsche Salesianer begannen, arm wie Don Bosco selbst, sein Werk zu begründen: Heime für Jugendliche, die kein Zuhause mehr haben, für Heimatlose, Heime des Frohsinns, der Führung und des guten Wortes.
Es gibt dreißig deutsche Salesianerheime. Und jedes Jahr führt Don Bosco junge, wagemutige und glaubensstarke Menschen dorthin, die als „Laien in Hemdsärmeln", als Priester oder Schwestern, seine Jugendarbeit fortführen wollen. Viele tausend „Salesianische Mitarbeiter" machen die schöne und große Aufgabe durch ihre Hilfe und Unterstützung möglich.
Am Osterfest 1934 wurde Don Bosco heiliggesprochen. Sein Todestag, der 31. Januar, ist nun sein Feiertag. Seitdem können wir zu ihm beten: „Heiliger Johannes Bosco, bitte für uns." Doch während wir diese Worte sprechen, kommen uns alle seine Jugendstreiche, aber auch seine Notzeiten, Opfer und Leistungen in den Sinn, und wir beginnen das Wort zu verstehen, das er einmal seinen geliebten jungen Leuten als Leitsatz gab:

Das Beste, was ihr auf der Welt tun könnt, heißt:

Gutes tun,
fröhlich sein
und die Spatzen pfeifen lassen.

Ausführliche Lebensbeschreibungen Don Boscos

Wolfgang Goderski

Ein phantastisches Leben - Don Bosco

Individuelle und erkennbare Menschen bleiben im Gegensatz zu kurzlebigen Stars für längere Zeit aktuell. Sie fordern heraus, das eigene Leben zu überdenken. Einer dieser Menschen ist Giovanni Bosco, Erzieher und Priester aus dem Italien des 19. Jahrhunderts. Sein faszinierendes Leben für Kinder und Jugendliche wird hier spannend in mehreren kurzen Geschichten erzählt.

Für Kinder ab 10 Jahren, Jugendliche, Eltern, Religionslehrer, Katecheten.

216 Seiten, 8 ganzseitige SW-Fotos, kartoniert, ISBN 3-7698-0675-1

Teresio Bosco

Don Bosco
Sein Lebensweg - sein Lebenswerk

Hier wird Don Bosco nicht vorwiegend als der „Gaukler Gottes“ oder der „Erzieher mit Spürnase“ dargestellt, dem einfach alles gelang. Vielmehr wird realistisch und passend aufgezeigt, wie schwierig es für Don Bosco war, seinen Weg zu gehen.
Für Jugendliche und Erwachsene, übersetzt von Johanna Schepping.

2. Auflage, 248 Seiten, 10 SW-Fotos, kartoniert, ISBN 3-7698-0571-2